KNAUR

PETER WITTKAMP

Poste deine Darmspiegelung

In 42 Lektionen zum perfekten Internetnutzer

KNAUR

Besuchen Sie uns im Internet:
www.knaur.de

FSC
www.fsc.org
MIX
Papier aus verantwortungsvollen Quellen
FSC® C014496

Originalausgabe Oktober 2015
Knaur Taschenbuch

Ein Imprint der Verlagsgruppe Droemer Knaur
GmbH & Co. KG, München

Covergestaltung: semper smile, München
Coverabbildung: semper smile, München
Satz: Wilhelm Vornehm, München
Druck und Bindung: GGP Media GmbH, Pößneck
ISBN 978-3-426-78777-9

2 4 5 3 1

Vorwort

Die meisten Experten sind sich einig: Das Internet wird uns wahrscheinlich noch ein paar Jahre erhalten bleiben. Wenn seine Erfolgsgeschichte so rasant weitergeht, wird es vermutlich sogar noch beliebter als der Videotext!

Doch obwohl das Netz uns schon etwas länger das Leben erleichtert, sind sich viele Menschen noch ein wenig unsicher darüber, wie sie sich dort am besten verhalten sollten. Das Entstehen der sozialen Netzwerke hat diese Unsicherheiten noch einmal potenziert.

Daher ist es an der Zeit für eine Sammlung der wichtigsten Regeln und Tipps! Ein Art Netz-Knigge, der existenzielle Fragen beantwortet.

Sind dreißig Facebook-Posts am Tag wirklich ausreichend?

Sollte ich mein Profilbild lieber täglich oder alle zwölf Stunden wechseln?

Warum ist es empfehlenswert, ständig seine Freunde zu virtuellen Spielen einzuladen?

Sind drei !!! fünf !!!!! oder besser sieben !!!!!!! Ausrufezeichen hinter einem wütenden Kommentar genug?

Warum ist es wichtig, vor einem Arztbesuch seine Symptome zu googeln?

Was gibt es auf XING zu entdecken und wie wird man ganz schnell ein YouTube-Star?

Und am wichtigsten: Sollte man sich eine Katze anschaffen, um im Bedarfsfall stets genügend Cat Content zur Verfügung zu haben?
All diese Antworten darauf erfahren Sie in diesem Ratgeber! Von Amazon bis Zalando. Oder zumindest von Chefkoch bis XING.
Folgen Sie diesen Lektionen und werden Sie so: der perfekte Internetnutzer!
Los geht es …

lektion nr. 1:

Verwenden Sie ausreichend Smileys!

Mögen Sie auch so gerne Accessoires in Ihrer Wohnung? Eine Gerbera auf der Shabby-Chic-Kommode, ein flauschiges Deko-Herz auf dem Sofa oder vielleicht sogar ein Carpe-diem-Wandtattoo? Natürlich! Es sind schließlich die kleinen Dinge, die unser Leben so lebenswert und unsere Lebensräume so liebenswert machen.

Mit Smileys verhält es sich ebenso wie mit Accessoires: Sie dekorieren, werten auf, sind frech und witzig! Eine langweilige Anreihung von tristen Buchstaben verwandeln Sie mit einem Smiley in ein kleines Kunstwerk. In ein Schmuckstück. Unser Internet muss schöner werden – und Sie helfen kräftig mit. Verwenden Sie daher möglichst in jedem Satz, den Sie online veröffentlichen, ein Smiley. Gerne auch mehrere. Lassen Sie sich nicht davon irritieren, dass einige Ihrer Freunde im Netz auf Smileys völlig verzichten. Wie Sie vielleicht schon einmal bei einem Abend in der Wohnung von Bekannten bemerkt haben, hat nicht jeder ein Händchen für Dekoration und Accessoires. So, wie es eben auch einige Menschen gibt, die ohne Nikolausmütze einen Weihnachtsmarkt besuchen.

Doch mit jedem Smiley, den Sie verwenden, können Sie diesen Spartanern zeigen, wie schön und bunt unsere Welt sein kann. Wenn wir nur wollen – und uns ein wenig Mühe geben :-)
Dies gilt im besonderen Maße auch für Ihr Berufsleben. Gerade der monotone Trott fünf aufeinanderfolgender Werktage schreit doch geradezu nach etwas Dekoration und Liebe durch Smileys. Nutzen Sie also auch dort in jeder Ihrer E-Mails die kleinen runden Gute-Laune-Garanten.
Ein »Lieber Herr Müller, leider müssen wir Ihnen mitteilen, dass wir bei der steuerlichen Prüfung Ihrer Unterlagen eine Nachforderung von insgesamt 19458 Euro zu unseren Gunsten berechnet haben :-)« sieht mit Smiley doch direkt viel netter aus.

:-)

Im Folgenden einige gelungene Beispiele:

Klasse! Da kommt doch gleich bessere Laune auf!

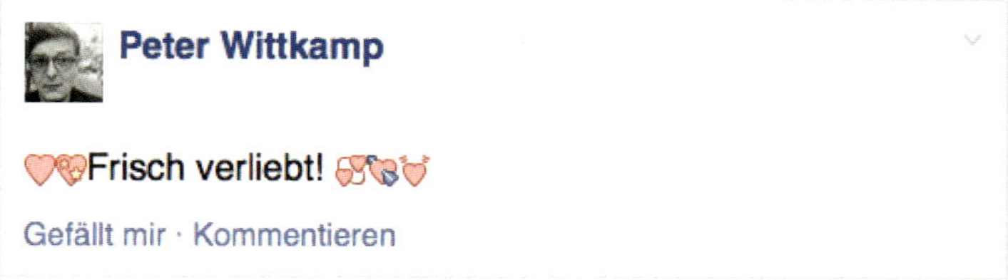

Ui, wie süß. Da ist wohl jemand frisch verschossen!

Sie sehen: Es müssen nicht immer Smileys sein! Auch mit anderen Emoticons lässt sich das Internet fabelhaft dekorieren.

Toll! Ein dekorativer Rahmen, passend zum Thema. Der Kreativität sind keine Grenzen gesetzt!

lektion nr. 2:

Berichten Sie aus Ihrem Leben!

Es gibt keine exakten Empfehlungen dazu, wie oft Sie etwas auf Facebook posten sollten. Generell gilt: Seien Sie präsent. Mit circa zehn bis vierzig Meldungen am Tag liegen Sie sicher im richtigen Rahmen. Schließlich wollen all die Menschen, die mit Ihnen befreundet sind, auch etwas von Ihnen erfahren.
Es erfordert jedoch ein wenig Selbstdisziplin, stets eine ausreichende Menge an Neuigkeiten zu veröffentlichen. Empfehlenswert ist es daher, einen kleinen Plan im Kopf zu haben. Dabei hat sich die Einteilung in Tageszeiten bewährt. Zum Beispiel jeweils fünf Beiträge am Vormittag, fünf am Nachmittag und fünf am Abend. So lassen Sie von sich hören, haben aber auch noch ein wenig Zeit für andere Dinge. Wenn Sie dann später etwas sicherer beim Posten geworden sind, können Sie die Menge der Beiträge ganz nach Ihrem Belieben erhöhen. Vierzig Beiträge am Tag müssen kein unerreichbarer Traum bleiben!

Doch noch stehen Sie am Anfang. Daher als kleine Hilfestellung hier ein Beispiel, wie ein typischer Vormittag aussehen könnte.

7 Uhr: Ein neuer Tag beginnt. Herrlich! :-)

Recht so. Zeigen Sie Ihren Freunden, dass Sie kein Morgenmuffel sind, sondern fröhlich aus dem Bett hüpfen. Zu dieser Tageszeit auch beliebt und immer eine gelungene Alternative: »Der frühe Vogel fängt den Wurm :-)«. Oder, wenn Sie ausnahmsweise mal ein wenig länger liegen bleiben: »Der frühe Vogel kann mich mal ;-)«. Der Klassiker »Carpe diem« hat ebenfalls noch nie geschadet!

7:30 Uhr: Erst mal ein Kaffee aus der neuen Nespresso. :-) Lecker. #yummie

Perfekt! Mit nur einem Post haben Sie gezeigt, dass Sie schon munter auf den Beinen sind, sich auch mal ein feines Heißgetränk gönnen UND eine neue Kaffeemaschine besitzen.

Profitipp: Sind Sie auch bei Instagram angemeldet, kann es nicht schaden, gleich auch hier ein Bild Ihres Kaffees zu veröffentlichen. In diesem Netzwerk hat sich für die Heißgetränkefotografie die Vogelperspektive durchgesetzt: Der Winkel ermöglicht einen guten Blick auf die schöne Crema – unverzichtbar. Eine leicht schräg ins Bild gerückte Tageszeitung und ein kleiner Keks ergänzen Ihre Bildkomposition perfekt. Dazu noch schnell die Hashtags #coffeetime, #coffee, #coffeeaddict, #coffeeculture, #coffeelover und #coffeeoftheday. Perfekt!

9 Uhr: Grrr. Viertelstunde lang Parkplatzsuche. Immer wieder super. ;-) #ironie

Das Leben hat nicht nur Sonnenseiten. Teilen Sie also auch die kleinen und größeren Ärgernisse Ihres Lebens mit Freunden. Gekonnt zeigen, dass Ihnen Humor hilft, diese zu verarbeiten.

11:30 Uhr: ♥♥♥ Ich liebe es, wenn die Kollegin Muffins mitgebracht hat ♥♥♥ :-) #lovemyjob

Richtig. Jetzt ist es mal wieder an der Zeit für eine fröhliche Mitteilung. Soll ja niemand denken, Ihr Leben wäre trostlos oder gar trist. Sehr schön, wie Sie hier mit einem kleinen Detail erzählen, wie gut es im Beruf läuft. Und schauen Sie nur, wie die Herzchen das Ganze fast in ein kleines Kunstwerk verzaubern.

12 Uhr: Meeting

Wenn Ihnen mal nichts Humorvolles oder Interessantes einfällt: Einfach ohne größere Erklärungen posten, was Sie gerade so machen. Funktioniert immer.
Dabei geben Ihnen solche kurzen Beiträge auch eine gewisse geheimnisvolle Aura. »Spannend! Worum geht es wohl in dem Meeting?«, werden sich Ihre Bekannten fragen. Lösen Sie den Sachverhalt nicht auf, sondern bleiben Sie bei aller Offenheit auch immer ein wenig undurchschaubar – und damit umso interessanter!

Spoiler: Später werden wir diese Kunst, unter Experten *Vaguebooking* genannt, noch perfektionieren.

Geschafft! Das war ein beispielhafter Vormittag im Netz. Ohne große Anstrengungen haben Sie bereits fünf wunderbare Mitteilungen produziert. Gar nicht so schwer, nicht wahr?
Nun nur noch fünf am Nachmittag und fünf bis sechs am Abend und Sie liegen bestens im Schnitt.
Oh, eines noch: Vergessen Sie nicht, gegen 13.00 Uhr Ihr Mittagessen zu posten! Viele Ihrer Freunde fragen sich sicher schon den gesamten Vormittag, was wohl heute von Ihnen verputzt wird.

PS: Haben Sie den Fehler bemerkt?
Richtig, beim letzten Post fehlte das Smiley!
Korrekt muss es heißen: Meeting :-)
Bonuspunkt, wenn es Ihnen aufgefallen ist. Sie sind auf dem richtigen Weg!

Tipp: Eine Posting-Tabelle hilft Ihnen, die Übersicht zu behalten, und ist schnell ausgefüllt!

Meine kleine Posting-Tabelle		
	Vormittag	
Post		
eins	Aufstehen	✔
zwei	Kaffee	✔
drei	Parkplatzsuche	✔
vier	Kollegin und Muffins	✔
fünf	Meeting	✔
	Nachmittag	
Post		
eins	Mittagessen (Bild nicht vergessen!) posten	
zwei	Mittagsmüdigkeit	
drei	witziges Video aus dem Netz (noch raussuchen!)	
vier	schöner Spruch	
fünf	Feierabeeeeeeeeeeeend!!!!	
	Abend	
Post		
eins	Joggen (Selfie vorher)	
zwei	Joggen (Selfie nachher)	
drei	Abendessen posten	
vier	Irgendwas zu »Wer wird Millionär«	
fünf	»Bauer sucht Frau«	
sechs	Gute Nacht	
Bonus	Kann nicht schlafen, weil morgen sicher wieder so ein aufregender Tag wird	

lektion nr. 3:

Teilen Sie Weisheiten!

Es fällt uns nicht immer leicht, die passenden Worte zu finden. Glücklicherweise kann uns Facebook auch dabei helfen. Denn was früher in Poesiealben, in Glückskeksen, auf Klowänden und im *Kleinen Prinz* stand, findet sich heute auf speziellen Facebook-Seiten.

Riesige Sammlungen von wunderschönen Sprüchen, oft liebevoll illustriert oder mit einem romantischen Sonnenuntergang im Hintergrund. Manche Zitate sind frech, andere ein wenig frivol und sehr viele auch nachdenklich. Eine bunte Mischung. Eben genau so wie Sie! Nutzen Sie diese Sammlungen von Sprüchen, um Ihre Freunde über Ihren Gefühlshaushalt zu informieren. Auch oder gerade wenn dieser wie jeder Haushalt auch mal ein wenig unaufgeräumt ist.

Sie werden für jede Stimmung das passende Bonmot entdecken.

Lust, die Konventionen zu brechen?

Nachdenklich?

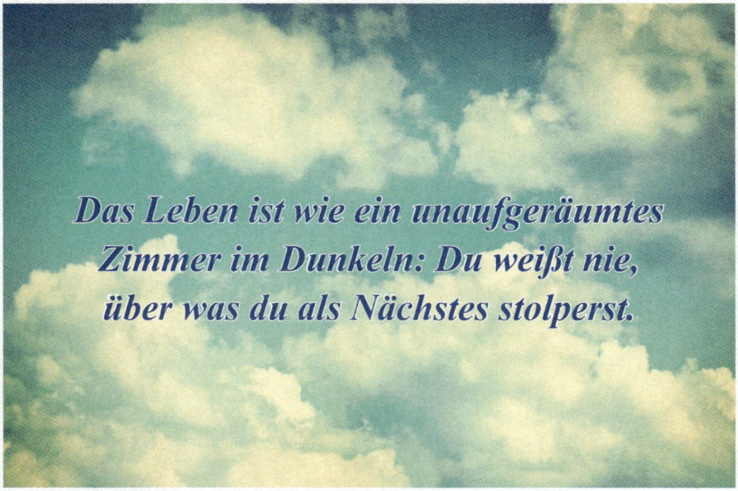

Zufrieden trotz kleiner Fehlerchen?

Fröhlich?

Gerade zehn Stündchen geschlummert?

Bisschen verliebt?

Mal etwas Frivoles?

Aufbruchsstimmung?

Hoffungsvoll?

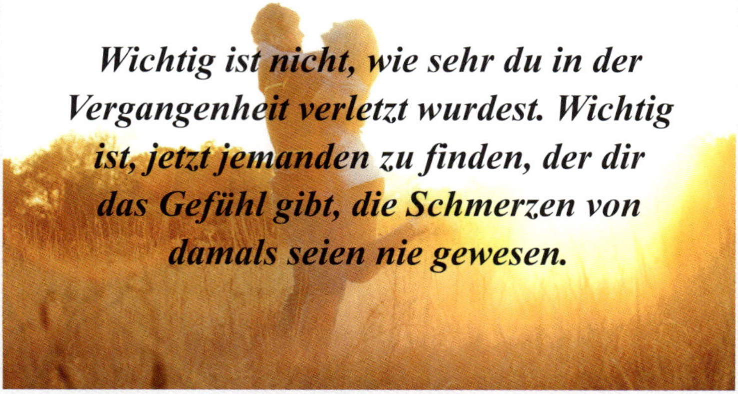

Oder einen der ewigen Klassiker. Diesen …

Oder diesen:

Sie merken: Diese Seiten sind wie eine gute Schlagerplatte. Für jedes Gefühl ist etwas dabei. Teilen Sie die schönen Sprüche also munter auf Facebook. Ihre Freunde werden es liiiiiieben, diese Zitate in Ihrer Timeline zu finden – und Sie erarbeiten sich einen exzellenten Ruf als kleiner Facebook-Philosoph.
Doch Vorsicht! Übertreiben Sie es nicht. Zusätzlich zu Ihren üblichen zehn bis vierzig Posts am Tag ist es völlig ausreichend, weitere acht bis fünfzehn solcher Sprüche zu teilen. Ihr Freundeskreis soll schließlich genug Zeit haben, über die Weisheiten nachzudenken.
Apropos Freunde …

Freunde sind wie Sterne –
Du kannst sie nicht immer sehen,
aber sie sind immer da.
F. Kafka

lektion nr. 4:

Bleiben Sie geheimnisvoll!

In der zweiten Lektion haben wir mit dem simplen Post »Meeting« schon die ersten Schritte des sogenannten *Vaguebookings* kennengelernt. Dies sind Status-Updates, die ihren Zauber ein wenig für sich behalten und nicht zu viel verraten. Sie sind unbedingt und regelmäßig zu empfehlen! Denn bei aller Offenheit sollten Sie sich auch ein paar Geheimnisse bewahren. So bleiben Sie spannend und für alle immer auch ein kleines Rätsel! Ich versichere Ihnen, Ihre Freunde werden es lieben!

Nun ist ein einfaches »Meeting« nur ein zarter Hauch von dem, was Vaguebooking sein kann. Da ist noch deutlich mehr möglich. Je ungenauer, desto besser. Werden Sie so verschwommen wie ein unkoordinierter Wassersportler.

Hier einige gelungene Klassiker des Vaguebookings:

- Soll ich's machen?
- Manchmal frage ich mich, ob es all das wert ist!
- Yeah! Endlich.
- Oh, oh, das war 'ne schlechte Idee!
- Ich hab es doch gewusst!
- Nun ist es also so weit!

- Oh man, hätte ich das früher geahnt!
- Ich mach das jetzt einfach!
- Diesen Berg muss ich alleine erklimmen!
- Hier passiert gerade der pure Albtraum!
- Endlich!
- Nervöööööööööös!
- Tja, ob das bei euch genauso gerade ist? I doubt it!
- Ich bin endlich zu einer Entscheidung gekommen!
- Manchmal sieht man den Wald vor lauter Bäumen nicht! Jetzt wird alles klar!
- Ich weiß jetzt, wer meine wirklichen Freunde sind!
- Menno!
- Ich glaube, ich kenne jemanden, der einen ziemlich guten Tag hat. Manchmal ist das Leben aber auch super! Da hat man monatelang 'ne Durststrecke und dann das!

Beim Vaguebooking ist viel erlaubt. Die Spannweite reicht hier von einem einfachen Wörtchen bis zu mehrzeiligen Updates. Gerade der letzte Eintrag ist dabei besonders hervorzuheben: 133 Buchstaben und nichts verraten. Klasse!
Das Geheimnis des perfekten Vaguebookings gleicht dabei Victorias Secret: Den Hauch von Nichts perfektionieren.
Das ist natürlich nicht immer einfach. Falls Ihnen mal nichts Schönes einfällt, nutzen Sie die Entenhausen-Methode. Dazu schlagen Sie einfach ein Lustiges Taschenbuch auf und wählen den ersten Inflektiv, den Sie entdecken! Zum Beispiel:

- Schluck!
- Stöhn!
- Grübel!
- Grins!
- Zitter!
- Hüpf!
- Strahl!
- Ächz!
- Würg!

Posten Sie ihn und lassen Sie Ihre Freunde im Unklaren darüber, worüber Sie stöhnen, grübeln oder strahlen. Zack! So schnell geht ein feiner Vaguebook-Status. Freu!

Wenn Sie es etwas komplexer mögen, verbinden Sie die Entenhausen-Methode mit einem der drei Grundpfeiler unseres Lebens: Arbeit, Liebe und Essen.

- Arbeit: Schluck!
- Liebe: Grins!
- Essen: Freu!

Vaguebooking ist einfach und macht großen Spaß. Vermeiden Sie dabei aber bitte den größten Anfängerfehler: Gehen Sie auf keinen Fall auf eventuelle Nachfragen Ihrer Freunde ein. Bleiben Sie ein Mysterium. Kein Magier verrät seine Tricks, also auch nicht Sie, Sie kleiner Facebook-Zauberer!

Auf Fragen wie »Was war denn los?« antworten Sie – wenn überhaupt – rätselhaft:
»Puh, noch mal Glück gehabt. Aber eines weiß ich: Ich setz mich nie wieder auf einen schwangeren Esel.«
Nur so werden sich Ihre Freunde denken: »Hach, wie spannend. Ich wüsste nur zu gern, was da schon wieder los war!«

Der Tipp für Fortgeschrittene:
Versuchen Sie gerne auch einmal, ganz ohne Text zu vaguebooken, indem Sie kommentarlos ein Bild posten.
Zum Beispiel dieses hier …

lektion nr. 5:

Wechseln Sie täglich Ihr Profilbild!

Stellen Sie sich vor, Sie haben einen Kollegen, der dienstags mit denselben Klamotten wie am Vortag im Büro aufschlägt.
Na, da hat wohl jemand auswärts übernachtet! Ein wenig Neid und einige Späße sind dem ansonsten recht abwechslungsreich gekleideten Mann sicher.
Nun spaziert er jedoch auch am Mittwoch derart angezogen ins Büro. Und auch am Donnerstag. Die Späße werden weniger, ebenso der Neid. Hier stimmt doch was nicht …
Andere Kollegen werden bemerken, dass er angefangen hat, ein wenig zu müffeln. Als er dann auch am Freitag ohne einen Klamottenwechsel aufschlägt, bleiben die beiden Plätze neben ihm im Meeting frei.
Doch auch das Wochenende bringt keinen Wechsel: Am Montag hat sich nichts geändert. Dieselben Klamotten! Am Nachmittag wird er das erste Mal offen geschnitten. Doch auch an den folgenden zwei Tagen ändert sich nichts an der Kleidungssituation, sodass am Donnerstag sein Vorgesetzter auf das Problem aufmerksam wird. Er lädt ihn in sein Büro, fragt nach, ob privat alles in Ordnung ist, bittet ihn, doch viel-

leicht mal die Klamotten zu wechseln, und hofft auf Besserung.
Doch als hätte dieses Gespräch niemals stattgefunden: Auch am Freitag ist er im unveränderten Look anzutreffen.
Am Mittwoch der darauffolgenden Woche, es hat sich immer noch nichts geändert, sieht der Vorgesetzte keine andere Lösung und stellt ihn fristlos frei. Das Gehalt wird ihm noch bis zum Ende des Monats gezahlt.
Danach hört man nicht mehr viel von ihm. Vier Monate später, er ist schon fast vergessen, schwört der Kollege aus der Buchhaltung, ihn am Stadtrand gesehen zu haben. Bei den Alkoholikern. Mit einer Flasche Korn in der Hand. Um acht Uhr morgens.

* * *

Wollen Sie ein ähnliches Schicksal in der virtuellen Welt erleiden? Nein? Dann wechseln Sie bitte täglich Ihr Profilbild! Es ist Ihr Aushängeschild in den sozialen Netzwerken. Ihr Look. Das, was anderen an Ihnen als Erstes auffällt.
Nichts sagt mehr »Ich lasse mich gehen«, als sich drei Tage mit demselben Profilbild sehen zu lassen. Gleichzeitig gibt es kaum Nutzer, die beliebter sind als jene, die jeden Tag ihr Bild wechseln. Ganz uneitel stellen sie ihre eigenen Interessen in den Hintergrund und bemühen sich, ihren Freunden immer wieder etwas Neues und Abwechslung zu bieten. Dieser wunder-

bare »Huch, mit wem bin ich denn da befreundet – ach, nein! Es ist ja nur ein neues Profilbild«-Moment wäre ohne diese altruistischen Menschen nicht möglich. Gehören Sie unbedingt dazu!

Schließlich mögen Ihre Freunde auch sehr gerne sehen, wie Sie **ganz aktuell** aussehen.

Wir ändern unser Aussehen schließlich nicht nur von Jahr zu Jahr, sondern von Tag zu Tag. Ach was: von Stunde zu Stunde!

Nichts ist älter als die Zeitung von gestern? Doch! Das Profilbild von gestern.

Diese Tatsache erfordert rasches Handeln:

Augenbrauen gezupft? Bild wechseln!

Eine neue Sommersprosse? Bild wechseln!

Ihre Nase sieht heute irgendwie ein bisschen schöner aus als sonst? Bild wechseln!

Die Haare sind schon wieder einen Viertelzentimeter gewachsen? Wechseln Sie unbedingt das Bild!

Fingernägel gemacht? Auch hier kann ein neues Profilbild sinnvoll sein. Schließlich sieht man den veränderten Gesamteindruck auch ein wenig in den Augen!

Dass es quasi gesetzlich vorgeschrieben ist, bei einer neuen Frisur das Bild zu wechseln, muss an dieser Stelle wohl kaum erwähnt werden!

Was jedoch einige vergessen: Experimentieren Sie bei Ihren Fotos unbedingt auch mit unterschiedlichen Stilen und Motiven. Mal sinnlich in Schwarz-Weiß und mal künstlerisch wertvoll im Gegenlicht. Keck einfallende Sonnenstrahlen verschönern jedes Gesicht. Fast so sehr wie ein süßer Entenschnabel! Die

Königsdisziplin des perfekten Profilbilds. Einfach immer eine gute Idee.

lektion nr. 6:

Stellen Sie Ihr Essen ins Netz!

Sie kennen das Gefühl: Kurz vor der Mittagszeit, wenn der Magen mahlzeitvorfreudig grummelt und Sie sich schon auf SchniPoGemsa[1] in der Kantine freuen, fragen Sie sich stets neugierig: Was essen eigentlich meine Freunde heute?
Absolut zu Recht. Denn es gibt wenig, was uns mehr an anderen interessiert und interessieren sollte als die jeweiligen Essgewohnheiten. Würde man eine kleine Liste der Dinge erstellen, die wir von Mitmenschen am liebsten erfahren, sähe sie wohl so aus:

3. Geheime sexuelle Vorlieben
2. Gehalt
1. Was essen sie eigentlich jeden Tag?

Das ist kein Wunder. Bei unserer Faszination für die Tierwelt sieht es schließlich ganz ähnlich aus. Jede Naturdokumentation berichtet ausführlich über die Ernährung der gezeigten Tierchen, schließlich ist sie ein wesentliches Merkmal ihres Lebens. So erfahren wir beispielsweise in einem Film über die fabelhafte

1 Schnitzel, Pommes, gemischter Salat

Welt der Vögel sehr schnell, dass der Veilchenohrkolibri am liebsten Blütennektar schnabuliert oder der Mauersegler gerne Insekten verputzt. Kaum ein Tierfilmer, der etwas auf sich hält, würde uns diese Informationen verschweigen.

Wir wissen also, dass uns bei anderen Lebewesen wie auch bei unseren Artgenossen sehr gelegen daran ist, zu erfahren, was sie gerne essen – woher sie die Kraft nehmen, dem so oft zermürbenden Leben zu trotzen!

Trotz dieses Wissens, und hier muss erneut ein Missstand sozialer Netzwerke angeprangert werden, verzichten noch viel zu viele Menschen darauf, ihr Essen ins Netz zu stellen. Homo homini lupus[2]! Oder eben nicht, denn wären wir alle Wölfe, wüssten wir, was die anderen essen: relativ wenig Gemüse und an besonderen Tagen auch mal eine Großmutter.

Wenn unsere Facebook-Freunde überhaupt einmal ihr Essen ins Netz stellen, dann zu ausgewählten Gelegenheiten: der Besuch im Gourmetrestaurant, die exotische Köstlichkeit auf einem Markt in einem fernen Land oder ein besonderer Anlass, der dazu führte, selbst mal ein Drei-Gänge-Menü zu zaubern (Weihnachten, Hochzeitstag, Auszug der Kinder).

Der Informationsgehalt solcher Ausnahmefotos ist jedoch gering, zeigen sie doch nur die vermeintlichen Highlights. Das Bestmögliche. Hieraus ist selten ein Erkenntnisgewinn zu ziehen.

So wissen wir beispielsweise alle, dass unser zukünf-

2 Der Mensch ist des Menschen Wolf

tiger Partner nicht immer so angezogen sein wird wie beim ersten Date. Sein Outfit an diesem Datum wäre sicherlich kein Indikator für eine zukünftige Entwicklung. Denn die weißen Schlüpfer mit Eingriff, die Snoopy-Boxershort, das zerrissene T-Shirt seiner Lieblingsband oder – auf Damenseite – die bequeme lila Leggins und die, sagen wir es vorsichtig, farblich nicht immer perfekt aufeinander abgestimmte Unterwäsche lernen wir erst später kennen. Diese Kleidungsstücke sind es aber, die den Lackmustest einer Beziehung ausmachen.

Analog dazu sollten wir im Netz nicht nur unsere kulinarischen Highlights posten, sondern vor allem das, was wir an ganz gewöhnlichen Tagen essen. Erst diese Mahlzeiten helfen unseren Freunden, uns so zu verstehen, wie wir wirklich sind.

Noch viel zu wenige, äußerst vorbildliche Internetnutzer haben dies bereits begriffen. Sie stellen **jeden** Tag ihr Essen ins Netz. Sie scheuen sich nicht, dies zu tun, auch wenn es mal nur verbrannte Fischstäbchen oder eine Dose Erbsensuppe ohne Einlage gab.

Richtig so! Denn wie den Veilchenohrkolibri oder den Mauersegler in der Naturdokumentation beginnen wir, diese Menschen deutlich besser zu verstehen. So wie Liebe geht eben auch Freundschaft durch den Magen. Beziehungsweise durch Fotos von dem, was später im Magen sein wird!

Nutzen Sie dieses Phänomen und profitieren Sie davon!

Niemand wird wagen, Ihnen auf der Grillfeier den

Tofu-Bratling anzubieten, wenn Sie bekannt dafür sind, jede Woche fünf Currywürste zu posten.
Herz, Leber, Lunge und Nierenfett vom Schaf sind für Sie mehr als die Summe der einzelnen Teile? Zeigen Sie auf Facebook Ihren selbst gemachten Haggis und lassen Sie sich als Kenner der schottischen Küche feiern! Sicher werden auch einige Ihrer Freunde versuchen, die Spezialität nachzukochen, wenn Sie einmal zu Besuch eingeladen sind. Lecker!
Seit Sie der Partner vor drei Jahren vor dem Altar stehen hat lassen, sind im Wesentlichen zwei Flaschen Wein Ihr Abendessen? Dann posten Sie eben den Bordeaux! Ab sofort wird sich sicher niemand Ihrer Kollegen mehr beschweren, wenn Sie mal ein Viertelstündchen zu spät zur Arbeit kommen.
Sie merken, Sie können nur gewinnen. Indem Sie zeigen, was Sie essen, werden Sie für Ihre Freunde greifbarer, echter und menschlicher.
Fangen Sie also gleich damit an, Ihre Mahlzeiten zu veröffentlichen. Auch wenn es mal nur ein Apfel und ein Mentos ist. So erfahren Ihre Freunde immerhin schon jetzt, dass Sie sich für die nächste Staffel »Germany's Next Topmodel« bewerben.

Viel Erfolg!

Hier einige gelungene Beispiele:

Hackfleisch, Paprika und Soße! Manchmal braucht es nicht mehr für ein perfektes Mittagessen.

Vitamine und Naschen!

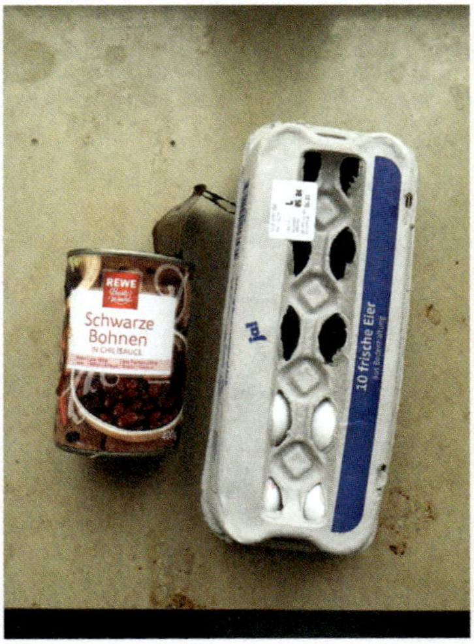

Schwarze Bohnen, weiße Eier. So einfach kann Kochen sein!

lektion nr. 7:

Spielen Sie Facebook-Spiele!

Eines der einfachsten Mittel, ein besonders interessanter Internetnutzer zu werden, sind Facebook-Spiele. Mit solchen Spielen zeigen Sie Ihren Freunden: Ich nutze das Netz nicht nur für Internetbanking, Spiegel Online und Routenplanung, sondern kann hier auch mal entspannen. Ich bin eher der lockere Typ. Ich weiß, wie man Laisser-faire buchstabiert (zumindest, nachdem ich es gegoogelt habe). Ich habe mein Leben so im Griff, dass ich mir ab und an mal ein Spielchen gönnen kann.

Damit Ihr Netzwerk jedoch auch davon erfährt, denken Sie bitte daran, die wichtigste Regel solcher Spiele zu beherzigen:
Teilen Sie jedes erzielte Ergebnis unbedingt mit Ihren Freunden!

Neue Spielstände und Highscores, das Erreichen des nächsten Levels, besondere Medaillen und Auszeichnungen, ein neuer Mähdrescher bei FarmVille … alles! Meist bieten Ihnen die Spiele dafür eine komfortable Share-Funktion … und wäre diese Funktion unnütz, würde sie wohl nicht angeboten werden, nicht wahr?

Sie werden allerdings bemerken, dass Ihre Freunde etwas verhalten auf derlei Status-Updates reagieren. Ab und an mal ein Like, noch seltener Kommentare. Verwechseln Sie dieses merkwürdige Verhalten auf keinen Fall mit Desinteresse!

Vielmehr sind Neid und Scham der Grund. Neid auf Ihre tollkühnen Erlebnisse in den bunten Spielewelten und Scham, nicht selbst Level 64 in Candy Crush erreicht zu haben.

Da Sie jedoch nicht nur ein sehr guter Internetnutzer, sondern ein ebenso prächtiger Freund sind, wissen Sie Abhilfe zu schaffen: Laden Sie Ihre Freunde einfach zu den Spielen ein! Nichts macht mehr Spaß, als eine virtuelle Farm gemeinsam zu bestellen. Auch hier haben die Entwickler der Spiele mal wieder an alles gedacht und komfortable Buttons eingefügt, die Sie nur nutzen müssen.

Beschränken Sie sich jedoch bei den Einladungen nicht nur auf Ihre zwei, drei besten Freunde. Schließlich sollen **alle** Ihre Kontakte erfahren, dass Fun und Facebook-Spiele nicht umsonst denselben Anfangsbuchstaben tragen.

Auch bei diesen Einladungen werden Sie eher zurückhaltende Reaktionen feststellen. Machen Sie sich auch darüber keine Sorgen! Die meisten Ihrer Freunde haben ihr Leben einfach noch nicht so im Griff wie Sie und können sich den Luxus der Facebook-Spiele nicht gönnen. Aber alle eingeladenen Kontakte werden freudig bemerken, dass an sie gedacht wurde. Und wenn es in sozialen Netzwerken um eins geht, dann

doch wohl darum, unseren Liebsten zu zeigen, wie gerne wir sie haben!
Laden Sie Ihre Freunde also ruhig wieder und wieder zu den Spielen ein. Sie werden es Ihnen danken – auch wenn sie es nicht so zeigen können.

lektion nr. 8:

Kommentieren Sie!

Grundsätzlich sollten Sie versuchen, möglichst alles zu kommentieren. Mit Kommentaren verhält es sich wie mit Smileys: Es kann nie genug von ihnen geben. Auch wenn Sie sich bei manchen Themen kaum oder gar nicht auskennen: Ein Kommentar kann nicht schaden. Es gibt zu jedem Thema eine ausreichende Zahl feiner Floskeln, die Sie auch dann benutzen können, wenn Sie noch nicht einmal ansatzweise begreifen, worum es geht.

Ein Beispiel: Eine Meldung dreht sich um Politik und irgendwas ist mal wieder gründlich schiefgelaufen. Ihnen fehlt jedoch die Zeit, die Hintergründe zu recherchieren oder auch nur den verlinkten Artikel dazu zu lesen. Kein Grund, auf einen Kommentar zu verzichten. Es gibt gerade im politischen Bereich eine Menge Formulierungen, die immer funktionieren. Zum Beispiel:

»Diese Politiker!!!«

»In welchem Land leben wir eigentlich?«

»Da muss man sich nicht wundern, wenn immer weniger Menschen wählen gehen!«

»Denk ich an Deutschland in der Nacht, bin ich um den Schlaf gebracht!«

»Und so was regiert uns!«

Geht es nicht um Politik, sondern beispielsweise um eine erneute Senkung des kulturellen Niveaus (eine Sendung auf RTL, die Autobiografie eines C-Promis oder einer Präsidentengattin, der neue Film von Matthias Schweighöfer), nutzen Sie den Klassiker: »Und so was schimpft sich das Land der Dichter und Denker!« Oder auch gerne: »Niveau ist keine Hautcreme!« Kann man beide immer bringen, werden nie alt oder falsch.
Kommentieren ist nicht schwer. Aber gewichtig!
Denn Sie zeigen mit einem Kommentar, dass Sie eine Meinung haben. Dass Sie nicht mit allem einverstanden sind, was »die da oben« so alles veranstalten. Dass Sie aufmerksam durch die Welt gehen. Auch wenn Sie nicht immer alles verstehen.
Lassen Sie sich auch bitte nicht davon stören, wenn es in Sachen Orthografie und Grammatik bei Ihnen noch ein wenig hapert. Kommentare sind eine hervorragende Möglichkeit, beides zu üben. Und schließlich reicht es ja auch, wenn vorerst nur Sie selbst verstehen, was Sie schreiben.
Wir fassen zusammen: Kommentieren ist stets sinn-

voll und Ihr gutes Recht! Aber Achtung: Es kann nicht nur Ihr gutes Recht sein, sondern auch zur Pflicht werden. Während Sie möglichst jedes Thema kommentieren **sollten**, gibt es drei besonders wichtige, die Sie kommentieren **müssen**!

1. Vegane Ernährung
2. Der Islam in Deutschland
3. Das »Dschungelcamp«

Es **kann nicht sein**, dass Debatten hierzu geführt werden, ohne dass die Welt Ihre Meinung erfährt. Schreiben Sie irgendetwas – aber schreiben Sie!
Auch hier gilt: Keine Sorge, wenn Sie gar nicht so genau wissen, worum es geht.
Ein flottes »Veghaner essen meinem Essen das Essen weg!!!« hat bisher noch jede Ernährungs-Diskussion bereichert!
Ein »Islahm gerne, aba nich hier« noch jede Religions-Debatte. Und ein »Ich kuck das nicht und außerdem nervts, daß die sooft Werbung zeigen« ist ein sehr gelungener Beitrag zum »Dschungelcamp«!

lektion nr. 9:

Pfeifen Sie auf die Rechtschreibung!

Vergessen Sie dieses überflüssige Relikt einer vergangenen Zeit. Oder sitzen Sie mit Monokel und Zylinder vor Ihrem Tintenfaß samt Feder?? Wohl kaum! Damals, in vergangenen Zeiten, war es vielleicht noch sinnvoll, zumindest so korrekt zu schreiben, dass der Empfänger die Nachricht einigermaßen entziffern konnte und das Geld für die teure Postkutsche nicht aus dem barocken Fenster geworfen war.

Heute ist das ziemlich egal. Wenn es wirklich niemand lesen kann, tippen Sie es einfach noch mal ins Netz oder ins Smartphone. Kostet ja nichts! Schauen Sie mal in Ihre WhatsApp-Chats: Einige Menschen haben dieses Prinzip bereits perfekt verstanden.
Es gibt daher wirklich wenig, was im Netz überflüssiger ist als korrekte Rechtschreibung. Schnelligkeit: ja. Eine starke Meinung: ja. Aber Orthografie? Total überbewertet. Meist werden Sie auch dann verstanden, wenn nicht jeder Buchstabe dort landet, wo er vom Schreckensregime des Dudens hinbeordert wurde. Ein Beispiel:

Votze!
Fotze!
Foze!
Vohtze!
Fohtze!
Vfotze!
Vfvohtze!
Otze!

Acht verschiedene Schreibweisen und doch ist in jeder einzelnen zu verstehen, dass hier jemand mit der Gesamtsituation eher unzufrieden ist. Schreiben Sie daher einfach so, wie es Ihnen gerade passt. Es geht dabei auch um Authenti… Autenti…, nein, verdammt. Authentizität!
Wo kämen wir hin, wenn sich jeder in perfektem Deutsch ausdrücken würde. Das wäre doch in vielen Fällen wahnsinnig unglaubwürdig.

Nehmen wir als Beispiel einen nuschelnden Neonazi, der kaum ein gerades Wort rausbringt. Vielleicht mal ein kurzes »Warte nicht mit dem Essen, Mutter, ich muss zum Arbeitsamt«. Aber das war es schon an Poesie. Es wäre doch denkbar unpassend, wenn er Abends – zurück vom Amt – seine Debatten auf Facebook in kleinen, fehlerlosen Gedichten bestreiten würde.

Denk ich an Deutschland in der Nacht,
dann bin ich um den Schlaf gebracht.

Ich klag: Oh weh, oh weh, oh weh,
da hilft doch nur die NPD.
Die Partei der kleinen Leutchen,
im Interesse aller Deutschen.

Sie merken schon: Irgendwas stimmt doch nicht. So etwas wie ein knackiges »Zigheuner raus!« hätte es doch auch getan!
Lassen Sie also, obwohl Sie hoffentlich kein Nazi sind, die Rechtschreibung ruhig links liegen.
Probiehren sie's ma aus. Es macht Ihr Lben wundebar einfch!

Zum Abschluss noch ein kleines Beispiel aus der Praxis.

> Ja bloß dann begeben wir uns auf das nivo der antifa herab ich mein wenns nach mir geht alle Kanaken raus egal wie haupsache raus und die linken gleich Hinter her mit ihren dumen Sprüchen
> ,nie wieder Deutschland " ich meine hallo mein Motto
>
> WER DEUTSCHLAND NICHT LIEBT SOLL DEUTSCHLAND VERLASSEN
>
> Vor 17 Minuten · Gefällt mir · 1 · Antworten

Auch wenn nicht jeder Buchstabe da sitzt, wo er hingehört: Die Grundaussage ist auf jeden Fall verständlich!

lektion nr. 10:

Gewinnen Sie Diskussionen!

Nehmen wir an, Sie haben nun einen Kommentar gepostet und freuen sich über Ihr kleines Meisterwerk:

»So ein Müll! Und dafür zahl' ich GEZ-Gebühren!«

Es geht um eine neue Sendung im ZDF. Joko und Klaas sind zurück. Die beiden Tunichtgute waren Ihnen ohnehin stets ein Dorn im Auge. Sie verstehen zwar auch mal Spaß, aber es muss ja nicht gleich in derartigen Klamauk ausarten.
Genial, wie Sie mit nur einem Kommentar zunächst kurz, aber vernichtend den Inhalt der Sendung zusammenfassen, um dann – schließlich verzichtet nur der Kurzsichtige auf Weitblick – einen größeren Bogen zu spannen und auf die Finanzierung des öffentlich-rechtlichen Fernsehens hinzuweisen. Alles richtig gemacht. Sehr gut.
Nur, es gibt ein Problem: Die mit Ihnen Debattierenden sind unverständlicherweise anderer Meinung! »*Witzige Show*«, »*Endlich mal wieder Humor im ZDF*« und sogar ein Sie direkt angreifendes »*Dafür zahle ich gerne Gebühren*« schlagen Ihnen entgegen. Was tun?

Nun: Stellen Sie sich vor, Sie sind in den Krieg gezogen. Vor Ihnen steht der Feind, hält die Waffe auf Sie gerichtet und ist kurz davor, zu tun, was im Krieg getan wird. Reagieren Sie vielleicht auf diese Art?

Mein Lieber, wir haben in dieser Angelegenheit konträre Standpunkte. Sie denken, Ihre Nation wäre im Recht, während ich gerne die Ansichten der meinigen vertreten würde. Sicher gibt es schlagkräftige Argumente für beide Positionen, doch klären werden wir den Sachverhalt hier an dieser Stelle wohl kaum. Ich schlage daher vor, wir vergessen diese für uns beide recht unangenehme Situation und ziehen nun unserer Wege. Einen schönen Tag noch – und nichts für ungut.

NEIN! Es ist schließlich Krieg! Sie überwältigen den Feind, werfen eine Granate obendrauf und fordern per Luftunterstützung ein Flächenbombardement seiner gesamten Kompanie.
Diplomatie ist fehl am Platz, wenn eine Schlacht gewonnen werden muss, und nichts anderes als eine Schlacht sind Online-Diskussionen. Gewinnen Sie oder gehen Sie unter. Ihre Waffen sind Beleidigungen, Ausrufezeichen, Versalien und Ausdauer! Jedes »DU SPASTI!!! Joko und Klaas sind definitiv UNLUSTIGE IDIOTEN!!!!!« bringt Sie Ihrem Ziel ein Stückchen näher. Auf in den Kampf!

Hier noch ein hilfreicher Tipp für die richtige Struktur Ihrer Kommentare:

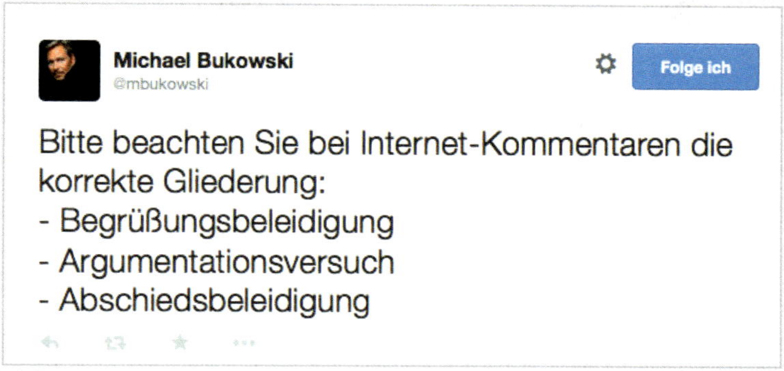

Vergessen Sie dabei nicht: ausreichend Ausrufezeichen!

Nutzen Sie ausreichend Ausrufezeichen!!!!

Apropos!
Ausrufezeichen!!
Eine!!!
Der!!!!
Wichtigsten!!!!!
Regeln!!!!!!
Im!!!!!!!
Netz!!!!!!!!
Lautet!!!!!!!!!
Je !!!!!!!!!!
Bedeutender!!!!!!!!!!!
Ihr!!!!!!!!!!!!
Anliegen!!!!!!!!!!!!!
Desto!!!!!!!!!!!!!!
Mehr!!!!!!!!!!!!!!!
Ausrufezeichen!!!!!!!!!!!!!!!!
Sollten!!!!!!!!!!!!!!!!!
Sie!!!!!!!!!!!!!!!!!!
Benutzen!!!!!!!!!!!!!!!!!!!
Wirkt!!!!!!!!!!!!!!!!!!!!
Immer!!!!!!!!!!!!!!!!!!!!!
Super!!!!!!!!!!!!!!!!!!!!!!
Seriös!!!!!!!!!!!!!!!!!!!!!!!

lektion nr. 12:

Gratulieren Sie zum Geburtstag!

Im Durchschnitt hat jeder Facebook-Nutzer ungefähr 350 Freunde. Das sind zwar viel zu wenige, aber dennoch ein kleiner Grund zur Freude: Denn mit dieser Zahl von Kontakten haben Sie fast jeden Tag die Möglichkeit, jemandem in seiner Chronik zum Geburtstag zu gratulieren – eine oft vernachlässigte Kernkompetenz des versierten Internetnutzers.
Der Profi greift auf vier verschiedene Möglichkeiten zurück:

1.) Herzlichen Glückwunsch!

Prima! Damit ist doch alles gesagt. Aufgabe erledigt, Kontakte gepflegt, es wird ein guter Tag!

2.) Alles Gute!

Hier wird es schon ein wenig liebevoller. Was kann man einem Menschen mehr wünschen als **alles** Gute?! Eben! Nichts. Der perfekte Geburtstagsgruß, den Sie jedoch nur ausgewählten, engen Freunden zukommen lassen sollten. Sonst wirkt es schnell inflationär.

3.) Alles Gute zum Burzeltag!

Genial! Der perfekte Geburtstagswunsch verbunden mit einem witzigen Wortspiel! Damit sind Sie der König in allen Netzwerken – zum Bleistift auf Fratzebuch.

4.) Herzlichen Glühstrumpf zum Burzeltag

Wunderbärchen! Die humoristische Steigerung der dritten Variante. Nur für absolute Witzkanonen.
Eines sollten Sie jedoch vermeiden: Belasten Sie Ihren Gruß zum Jubeltag nicht durch allzu viel Persönliches. Ihr Freund wird an seinem Fest genug mit Kerzen auspusten und Altern zu tun haben – da stören lange, ausufernde Texte mit unwichtigen Details wie beispielsweise Namen (schließlich weiß das Geburtstagskind selbst ganz gut, wie es heißt) nur als unnötige Zeitfresser. Denn Sie sind ja nicht der Einzige, der ein kleines Grüßchen loswerden möchte.
Bedienen Sie sich also einfach einer der vier geschilderten Möglichkeiten und Sie sind dem perfekten Internetnutzer schon wieder einen Schritt näher gekommen.

Herzlichen Glühstrumpf und bis Baldrian!

lektion nr. 13:

Posten Sie betrunken!

Sicher ist es Ihnen auch schon mal passiert, dass nach zwei oder vier Flaschen Wein die Lösung eines Problems emotionaler Natur auf einmal glasklar vor den schummrigen Augen stand. »Heureka!«, dachten Sie, »Ich schreibe einfach eine Nachricht und gestehe alle meine Gefühle!«
Ein goldrichtiger Gedanke! Das könnte dann zum Beispiel so aussehen:

Hallo! Ich weiß, ich habe mich nun vier Jahre lang nicht gemeldet. Das war falsch von mir. Es tut mir auch leid, wie wir damals auseinandergegangen sind. Alles andere als optimal. Dein Großvater hatte recht, als er mir hinterherrief, ich sei der schlimmste Mensch seit Franz Josef Strauß. Aber ich habe mich geändert. Ich habe schmerzhaft gelernt, dass ich etwas Wertvolles verloren habe.

Ich schäme mich dafür, dich alleine gelassen zu haben. Mit der ganzen Hochzeitsgesellschaft! Und den Kosten. Das war ja sicher auch peinlich für dich. Noch mal sorry! Wenigstens hat so niemand gemerkt, dass ich den Tanzkurs nie besucht habe :-)

Was ich aber eigentlich sagen will: Wäre schön, wenn es noch eine Chance für uns gibt. Dein Schatz (immer noch!)

P.S.: Ich wäre jetzt auch bereit, das Kind zu sehen. Was ist es denn geworden?

Jeder von uns hat schon einmal eine ähnliche Nachricht um drei Uhr nachts versandt. Und jeder von uns kennt diesen Moment, am nächsten Morgen aufzuwachen und langsam zu ahnen, kurz vor dem Schlaf noch etwas geschrieben zu haben! Noch fehlt die Gewissheit, aber ein schneller Griff zum Smartphone bestätigt den Akt als solchen und erinnert an jedes Detail der Nachricht. Sie kennen daher sicher auch dieses Gefühl … Diese wohlige Freude, verbunden mit einem Lächeln im Gesicht und dem wunderbaren Gedanken: »Wow, ich habe mich getraut, das abzuschicken!«

Für gewöhnlich – auch das kommt Ihnen bestimmt bekannt vor – antworten die derart von Ihnen Angeschriebenen spätestens im Laufe des Tages und danken Ihnen für Ihre mutigen, herzerwärmenden Worte. Oft stehen sie vor lauter Ergriffenheit auch direkt vor Ihrer Tür, Glückseligkeit, Zungenküsse und ein gemeinsames Leben begehrend. Kurzum: Alles richtig gemacht.

Dieses Phänomen wollen wir uns auch für Beiträge in sozialen Medien zunutze machen. Die wichtigste Grundregel lautet: Je betrunkener, desto aufrichtiger, desto besser!
Lassen Sie sich auf keinen Fall davon abhalten, etwas online zu veröffentlichen, nur weil Sie ein Schlückchen über den Durst getrunken haben. Wir halten es wie im Winterschlussverkauf: Alles muss raus!
Wenn Sie nach fünf Gin Tonic Lust auf körperliche Nähe haben, lassen Sie es Ihre Bekannten mit einem Facebook-Post wissen. Vielleicht findet sich sogar jemand, dem es ähnlich geht … Werden Sie dabei gerne konkret. Ein joviales »Ich habe gerade ziemliche Lust zu bumsen« trifft genau den richtigen Ton und lässt keine Unklarheiten.

Berichten Sie auch gerne live in den sozialen Netzwerken, was und wie viel Sie gerade trinken! Sieben Bier sind nicht nur ein Schnitzel, sondern auch eine Nachricht!
Wenn Sie Ihren Mageninhalt nicht ganz bei sich behalten konnten und das Ergebnis auf dem Bürgersteig den Umrissen eines Landes oder einem Tier ähnelt: Nehmen Sie ein Beweisfoto auf und teilen Sie dieses lustige Ereignis mit Ihren Freunden.

Ein wenig angeschickert zu posten ist also ein Riesenspaß. Doch es kann auch – wie im oben dargestellten Beispiel schon angedeutet – Ihr Leben verbessern! Nicht nur im privaten, sondern auch im beruflichen

Umfeld. Denn wie sonst soll Ihr Vorgesetzter jemals erfahren, dass Sie mit der betrieblichen Gesamtsituation eher unzufrieden sind, wenn nicht durch ein knackiges »Scheißladen. Überlege, endlich zu kündigen!«-Post nach der Weihnachtsfeier?!
Probieren Sie es aus!
Man wird sich Ihrer Kritik annehmen und Ihnen eine berufliche Veränderung anbieten – das garantiere ich Ihnen! Schließlich sind Sie doch ein stets bemühter und geselliger Kollege!

lektion nr. 14:

Schließen Sie Ihren Tag auf Facebook poetisch ab!

Wir haben gerade gelernt, betrunken zu posten. Nun erfahren Sie, wie Sie jene Fähigkeit mit einem Schuss Vaguebooking und einem Spritzer Weisheiten zu einer wunderbaren Sonderform verfeinern können: dem kleinen Einzeiler zur Nacht.

Ein letzter Beitrag, der Ihren Tag in den sozialen Netzwerken abschließt. Zwei-, dreimal pro Woche angewandt, ist er dringend zu empfehlen, da er Ihnen Tiefe verleiht und Ihr Profil als Denker schärft. Denn dieser kleine Einzeiler zur Nacht suggeriert Ihren Freunden und Bekannten: Dieser Mensch zeigt bei all seiner Lässigkeit auch eine ernsthafte Seite. Er ist kein Blender, sondern jemand, der den Dingen auf den Grund geht.
Beachten Sie jedoch, dass für diesen speziellen Beitrag auch ganz spezielle Regeln gelten:

- Er sollte nur zwischen 23 Uhr und 5 Uhr morgens verfasst werden.
- Es ist nicht verkehrt, wenn Sie leicht angezwitschert sind.

- Er sollte auf keinen Fall zu fröhlich sein. Melancholie schadet nie.

Schlechte Einzeiler zur Nacht wären zum Beispiel:

- Heute war ein guter Tag, ich gehe jetzt zufrieden ins Bett.
- Noch eine Folge »House of Cards«. Ach, vielleicht auch zwei. Oder zehn.
- Juchuu, Montagnacht. Nur noch vier Tage bis zum Wochenende.

Für einen guten Post reisen Sie gedanklich am besten in eine dunkle Bar, die ihre besten Zeiten schon lange hinter sich hat: Mitternacht naht, Kerzen flackern, die Luft voller Rauch, die Tapeten vergilbt. Sie sind in die Jahre gekommen, sitzen seit viereinhalb Stunden einsam an Ihrem angestammten Tisch und denken an die Zeit, als Sie noch geliebt wurden. Doch statt einer Liebschaft küsst Sie heute nur noch der Rotwein. Vorbei Amore, vorbei sechs Jahrzehnte Leben, immerhin sind die Zigaretten geblieben.
In einer solchen Stimmung entstehen perfekte Einzeiler zur Nacht (oder die Bild-Kolumne »Post von Wagner«). Lassen Sie raus, was Sie bewegt. Oder bedienen Sie sich der Zitate bekannter Denker. Aber verzichten Sie ruhig darauf, den Urheber zu nennen! Wäre Ihnen ja auch eingefallen, wenn Sie ein wenig nachgedacht hätten!

> Es gibt keinen Fahrstuhl zum Glück. Man muss die Treppe nehmen.

> Ein Tropfen Liebe ist mehr als ein Ozean Verstand.

Auch sehr schön ist es, die Nacht an sich zu thematisieren:

> Die Nacht verschluckt uns nicht, sie lässt uns nur stolpern.

> Die Nächte lehren viel, was die Tage niemals wissen!

Nie verkehrt: Oscar Wilde.

> Nicht die Vollkommenen, sondern die Unvollkommenen brauchen unsere Liebe.

> Das Durchschnittliche gibt der Welt ihren Bestand, das Außergewöhnliche ihren Wert.

Psst! Ich verrate Ihnen nun meinen liebsten Einzeiler. Ein Klassiker …

Er verrät ein wenig über Sie, lässt jedoch auch einiges offen. Er ist poetisch, ja er reimt sich sogar – und er ist nicht in deutscher Sprache verfasst. Recht so, zeigen Sie Ihren Freunden, dass Sie auch mehrsprachig melancholisch sein können.

The moon is closer to the sun than I am to anyone!

Ich garantiere Ihnen mindestens drei aufmunternde Nachrichten in Ihrem Posteingang am nächsten Morgen!

lektion nr. 15:

Zeigen Sie, dass Schönheit von innen kommt!

Das Thema »Schönheit« in sozialen Netzwerken ist ein wenig kniffelig, bietet aber eine große Chance, vieles richtig zu machen. Zunächst nur so viel: Wir lernen im Folgenden, wie wir – man sollte es nicht unbescheidener formulieren – Stückchen für Stückchen die Gesellschaft verändern können.

Um aber zu verstehen, wie wir uns verhalten müssen, sollten wir das Thema zunächst in zwei Perspektiven einteilen: die gesellschaftliche und die persönliche.

Die gesellschaftliche Perspektive auf Schönheit in sozialen Netzwerken:
Schönheit im Allgemeinen und speziell die Schönheit und der makellose Körper der Frau sind – vor allem durch den Einfluss sozialer Netzwerke – lange nicht mehr so bedeutend wie früher.

Regelmäßig werden Sie daher Bilderserien und Artikel wie diese verlinkt finden:

- 15-Plus-Models, die essen, was sie wollen, und trotzdem heiß sind
- Diese Fotografin zeigt Frauen so, wie sie wirklich aussehen
- Null Toleranz für Size Zero
- 20 Aktfotos, die endlich einmal zeigen, wie normale Menschen unbekleidet ausschauen
- Diese Werbekampagne verzichtet auf klassische Models

Die Kommentare und Reaktionen auf solche Beiträge sind meist eindeutig:

> Endlich Schluss mit dem Modelwahnsinn!
>
> Es ist der Charakter, der zählt!
>
> Wurde auch Zeit, dass jemand zeigt, wie krank und verzerrt unsere Ideale in dieser Hinsicht sind.

Man ist sich also einig wie selten: Schönheit wird überbewertet und den Sternchen aus Hollywood oder den Glamour-Zeitschriften nachzueifern ist vertane Lebenszeit.
Klingt doch eigentlich alles sehr vernünftig, wäre da nicht die zweite Seite – etwas rostige Seite – der schmucken Medaille!

Die persönliche Perspektive auf Schönheit in sozialen Netzwerken:
Nun gibt es in sozialen Netzwerken viele Selfies oder

andere Fotos, die Ihre Freunde so freudig hochladen, als wäre es ein bezahlter Job. Was es – da es viele während der Arbeitszeit posten – ja auch irgendwie ist. Manche Ihrer Freunde sehen auf diesen Fotos sehr gut aus, manche nicht so dufte. Kein Problem: Schließlich haben wir eben gelernt: Schönheit ist überbewertet! Allerdings trennen viele User hier plötzlich die gesellschaftliche und die persönliche Perspektive. Während Schönheit auf kollektiver Ebene nicht so bedeutend ist, ist der Fall bei Bildern von Freunden etwas anders gelagert. Hier eine Auswahl der gängigen Kommentare, wenn jemand ein neues Bild von sich gepostet hat:

- Süüüüüüüß
- Total hübsch
- Du Wunderschöne/Du Schönling
- Du bist die Schönste/Du bist der Schönste
- Deine Figur möchte ich mal haben!
- Sexyyyyy!
- Hübsch!
- Schöner/Schöne
- Unglaublich!
- Lady!/Gentleman!
- Toll!
- Bildschön bist Du!
- Noch hübscher als früher!
- Schönheit
- Wow
- Beauuuuuutiful

- So schön bist du!
- So schöööön bist du!!
- So schööööön bist du!!!

Und auch mal ein bisschen fantasievoller oder internationaler:

- très chic ma belle
- Beauty!
- bella bella bella
- Du Elfe!
- Wenn wir nicht schon Facebook-Freunde wären, würde ich dir jetzt meine Nummer geben …

Schönheit ist also nicht so wichtig, wird meist überbewertet und setzt uns unter ständigen Druck, ein Konstrukt der Werbung und der Massenmedien … **Es sei denn**, ein Freund postet ein Selfie oder ein neues Profilbild!
Diese Doppelmoral wollen wir unterbinden. Wir sind Kämpfer für eine Welt, in der Menschen nach ihrem Charakter, nicht nach ihrem Aussehen beurteilt werden. So, wie es auf kollektiver Ebene doch eigentlich bereits Konsens ist. Seien Sie also ruhig ehrlich, wenn Sie die Fotos Ihrer Freunde kommentieren.
Zeigen Sie ihnen in aufrichtigen, aber motivierenden Beiträgen, wie unwichtig Ihnen das Äußere ist.

Nicht dein bester Tag – aber ich weiß ja, dass du ein gutes Herz hast! Und das zählt für mich am meisten!

Dieser Friseur sollte nie wieder arbeiten dürfen! Aber es ist nur ein »Haarschnitt« – viel wichtiger ist, was darunter steckt!

Augenringe sind ja auch ein Zeichen dafür, dass man viel arbeitet. Klasse, wie fleißig du bist!

Hinter jeder dieser Falten steckt ein Stück wertvolle Lebenserfahrung!

Tinder-Dates wirst du mit dem Foto nicht gewinnen – aber diese App ist dir sicher ohnehin zu oberflächlich.

Kommentare wie diese werden, auch wenn sie erst einmal auf ein wenig Unverständnis stoßen, dabei helfen, unsere Welt ein bisschen besser zu gestalten. Vielleicht nicht schöner, aber besser!
Handelt also dementsprechend, meine Hübschen!

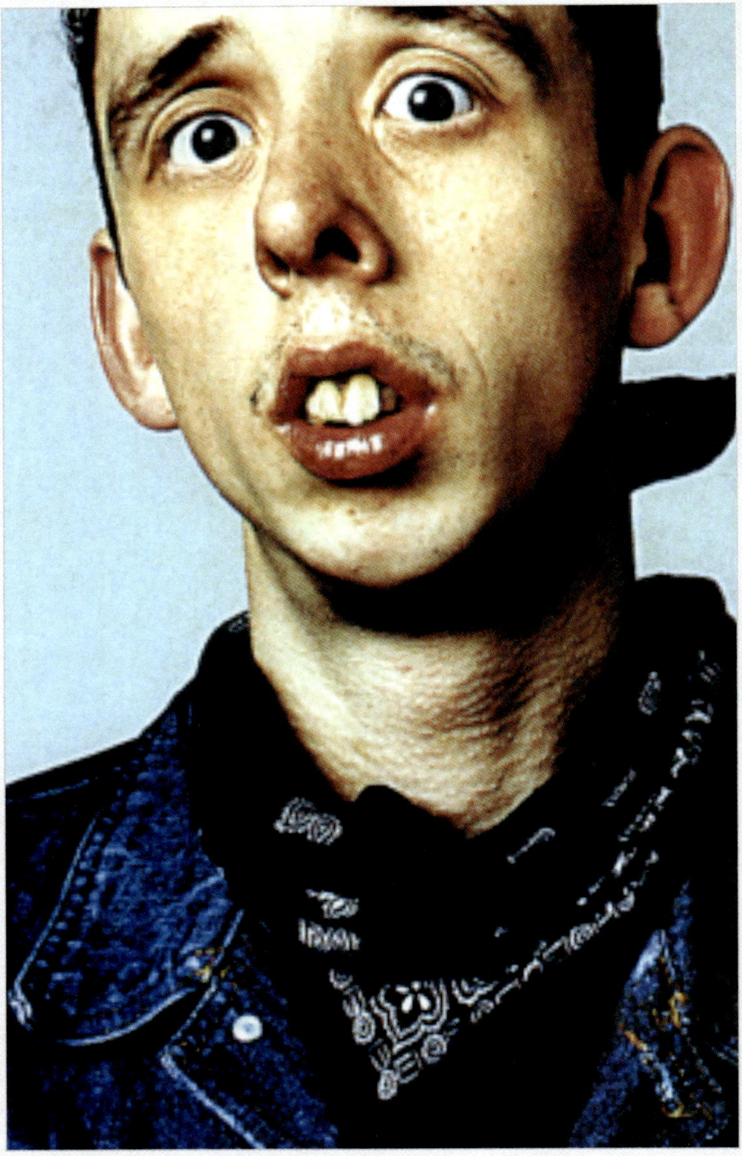

Schickes Halstuch!!

lektion nr. 16:

Liken Sie den eigenen Status!

Stellen Sie sich vor, Sie erzählen in einer großen Runde einen lustigen Scherz:

> *Der Lehrer fragt die Kinder, ob es etwas gibt, das flüssiger als Wasser ist. Langes, betretenes Schweigen in der Klasse. Plötzlich aber meldet sich die kleine Emma. »Du kennst also etwas, das flüssiger als Wasser ist«, fragt sie der Lehrer erstaunt. »Ja«, antwortet Emma: »Hausaufgaben – die sind überflüssig!«*

Ein guter Witz = ein Stimmungsgarant! Ihre Freunde lachen, erste klopfen sich bereits auf die Schenkel. Die Runde ist ausgelassen! Können Sie sich vorstellen, an dieser Stelle nicht mitzulachen und Ihre Lippen geschlossener als ein Schlosser zusammenzukneifen? Nein, natürlich nicht! Es ist Ihr Scherz. Sie haben ihn unter vielen möglichen ausgewählt, er kommt immer gut an, er gefällt Ihnen! Natürlich lachen Sie herzhaft mit!

Ebenso sollte Sie mit Ihren Status-Updates verfahren! Liken Sie den eigenen Status. Es ist Ihrer! Niemandem sollte er besser gefallen als Ihnen selbst. Ebenso wie für den Scherz haben Sie sich bei unzähligen Alterna-

tiven für genau diesen entschieden. Stehen Sie hinter ihm.
Lassen Sie sich bitte nicht davon irritieren, dass viele Ihrer Freunde es anders halten und konsequent darauf verzichten, einen Like bei sich selbst zu setzen. Überlegen Sie stattdessen, wie traurig ein Leben sein muss, in dem man sich nicht einmal selbst gefällt. Empfiehlt Ihnen also jemand, auf das Liken des eigenen Status zu verzichten, weil es womöglich »uncool« sei, denken Sie bei solchen »Ratschlägen« einfach an Emma und die Hausaufgaben: überflüssig!

Hier stimmt einfach alles!

lektion nr. 17:

Nutzen Sie Ihren Freundeskreis als persönlichen Assistenten!

In Berlin gibt es seit einiger Zeit ein Start-up, das einen persönlichen Butler-Service per SMS anbietet. Einfach eine Nachricht mit einem Wunsch absenden und der Dienst kümmert sich um jedes Bedürfnis. Denn am anderen Ende der Leitung sitzt ein kleines Heer von Helferlein, die alles in die Wege leiten. Theaterkarten reservieren, Pizza ordern, Konzerttickets bestellen, Werkzeug nach Hause liefern … kein Problem! Klingt zunächst verlockend, ist aber im Grunde vollkommen überflüssig. Denn mit Facebook haben Sie eigentlich schon Ihren ganz persönlichen Assistenten! Nutzen Sie ihn nur richtig.

Um zu lernen, wie das am besten geht, schauen Sie sich einfach ein bisschen in Ihrem Freundeskreis um. Mit sehr großer Wahrscheinlichkeit entdecken Sie dort mindestens einen Bekannten, der sich Facebook als Butler schon perfekt zunutze macht.
Sie erkennen diesen cleveren Bekannten daran, dass er vor allem Nachrichten wie solche veröffentlicht:

Ich suche eine WG! Wer weiß was?

Unsere WG sucht einen Mitbewohner! Kennt jemanden wen?

Echt mies. Die WG hat mich rausgeschmissen. Ich ziehe erst mal wieder zur Family und bräuchte für morgen früh um halb acht fünf kräftige Helfer! Wer von euch hat Lust auf ein bisschen Frühsport? ;-)

Hey Leutiez, ich such mal wieder eine neue WG! Dieses Mal vielleicht eine, in der man nicht so nazimäßig jede Woche abwaschen muss!

Ich brauche am Wochenende einen Schlafplatz in Hamburg! Anyone?

Hallo, hat jemand von euch vielleicht noch zwei Karten für das ausverkaufte Konzert in der Volksbühne zu verschenken?

Wer besitzt einen Akkuschrauber und kann den kurz bei mir vorbeibringen. Dringend!

Ich suche noch drei Gästelistenplätze für das Melt-Festival. Kennt jemand wen, der jemanden kennt …

Fährt jemand über das Wochenende von Berlin nach Köln und hat zufällig noch sechs Plätze frei?

Juchuuu. Hier der Link zu meinem neuen Kunst-Projekt »Beine – eine unterschätzte Extremität«. Könnt ihr das bitte kurz alle mal liken und auch in eurem Freundeskreis teilen?

Mag jemand auf meine drei Katzen für die nächsten zwei Wochen aufpassen. Ist nicht viel Aufwand. Nur morgens und abends füttern und alle zwei Tage das Klo leeren. Und zweimal mit Morle zum Tierarzt, impfen.

Hat wer von euch zufällig eine mindestens drei Meter breite Schrankwand über, die er nicht mehr braucht und die er bei sich abbauen und bei mir in der neuen WG aufbauen könnte? Wäre super. Bin gleich auf dem Sprung nach Rügen, würde aber den Wohnungsschlüssel und einen kleinen Zitronenkuchen als Dank bei den Mitbewohnern hinterlegen. Dankeeee! :-)

Tun Sie es diesem Bekannten gleich und sparen Sie eine Menge Geld! Posten Sie einfach alles, was Ihr Herz begehrt, auf Facebook und lassen Sie es von Ihren Freunden besorgen. Und wenn diese Freunde – warum auch immer – irgendwann mal weg sein sollten, gibt es ja immer noch den Butler-Service!

lektion nr. 18:

Schnappen Sie sich doch ein kostenloses iPhone!

Erstaunlicherweise gibt es immer noch Menschen, die für ihr neues Smartphone eine Menge Geld bezahlen. Dabei wird Ihnen insbesondere das iPhone auf Facebook praktisch hinterhergeworfen. Kein Scherz! Durchstöbern Sie einfach aufmerksam das Netzwerk und achten Sie dabei auf Meldungen wie diese:

> *Wir erhielten 200.000 iPhone 6, die nicht verkauft werden können, weil sie nicht richtig eingepackt worden sind. Aus diesem Grund machen wir eine Verlosung! Alles, was Sie tun müssen, ist folgende Schritte zu abzolvieren:*
> *Schritt 1: Like unsere Seite*
> *Schritt 2: Lade all deine Freunde ein (mind. 50)*
> *Schritt 3: Kommentiere, welche Farbe du willst (spacegrau, schwarz oder gold)*

Volltreffer! Einfach genial, oder? In drei einfachen Schritten zum Traumhandy – selbst wenn Sie fünf Meter vor dem Apple-Store stünden, wären es mehr. Ein Narr, wer da nicht zuschlägt.

Lassen Sie sich nicht davon irritieren, dass Teilnahmebedingungen fehlen oder dass das Wörtchen »absolvieren« ein wenig unkonventionell mit z geschrieben ist: Wenn **Sie** plötzlich 200 000 iPhones loswerden müssten, wären Sie ja wahrscheinlich ebenfalls ein wenig unkonzentriert.
Dass es gleich 200 000 iPhones sind und nicht wie in anderen Preisausschreiben ... sagen wir ... ein bis zwei, klingt zwar auf den ersten Blick ein wenig unglaubwürdig – aber der Veranstalter der Verlosung weist ja ausdrücklich darauf hin, dass es sich nicht um perfekte Ware handelt, sondern um Smartphones, die **nicht richtig eingepackt** wurden. Also praktisch komplett unverkäuflich. Das klingt schon wieder logisch!

Aber woher stammen diese Geräte?

Wahrscheinlich verhielt es sich folgend:

> Bei Apple-Zulieferer Foxconn in Taiwan klingelt nach der zweistündigen Mittagspause die Betriebsglocke: Die Schicht geht weiter. Einige Arbeitnehmer kehren zurück an die ergonomischen Fließbänder, andere haben für diesen Nachmittag das Sportprogramm mit anschließender Massage gewählt. Ein guter Teil macht auch einfach blau.
> Die Stimmung ist gut, gerade wurde das Unternehmen zum siebten Mal in Folge zum Arbeitgeber des Jahres gewählt und schüttet zur Belohnung Extraprä-

mien an sämtliche Mitarbeiter aus. Außerdem steht am Abend das wöchentliche Barbecue an – meist ein feucht-fröhlicher Spaß bis tief in die Nacht, sodass am nächsten Morgen für gewöhnlich fast niemand pünktlich oder gar nüchtern zum Schichtbeginn erscheint. Kurzum: Wie bei so vielen Unternehmen in Asien, sei es Technik oder Textilindustrie: alles paletti!

Doch auf einmal fällt ein kleiner Schatten auf das Arbeiterparadies, denn Schichtleiter Lian Xu bemerkt eine Unregelmäßigkeit:

»Ach, du grüne Neune! Wir haben 200.000 iPhones nicht richtig eingepackt … schon wieder!«
Seine Kollegen werden ein wenig unruhig, die Stimmung kippt leicht. Beim letzten Mal, als etwas Ähnliches passierte, wurde den schuldigen Mitarbeitern das vierzehnte Monatsgehalt halbiert und der Nachtisch gestrichen. Jetzt ist guter Rat teuer. Wie löst man das Malheur schnell und unauffällig?
Plötzlich meldet sich der clevere Werkstudent Mao mit einer Idee bei seinem Vorgesetzten Lian!
Mao: Wir könnten die iPhones über Facebook verlosen und so unauffällig loswerden!
Lian: Ist Facebook bei uns nicht gesperrt?
Mao: Nö, nur drüben im richtigen China.
Lian: Prima! Aber in welchem Land verlosen wir die Geräte? Am besten ganz weit weg von uns, damit niemand Verdacht schöpft.

Mao: Das exotischste Land, das ich kenne, ist Deutschland. Lauter Rundaugen. Und sie essen Schweine, die in ihren eigenen Därmen verpackt sind – mit Currypulver!
Lian: Igitt! Aber das Land nehmen wir. Kümmerst du dich drum?
Mao: Bin schon dabei, einen Facebook-Eintrag zu schreiben! Nur bräuchte ich etwas Hilfe. Meine Deutschkenntnisse sind ein wenig eingerostet. Und außerdem sehen dort einfach alle Buchstaben gleich aus. Wie schreibt man denn zum Beispiel »abzolvieren«?
Lian: Egal. Einfach raus damit. Wir müssen die iPhones bis zum großen Barbecue heute Abend loswerden.
Mao: Okay, fast fertig. Brauche kurz noch eine Info: Welche Farben haben die Geräte, die wir nicht richtig verpackt haben?

Und genau hier kommen Sie ins Spiel! Spacegrau, Schwarz oder Gold?

lektion nr. 19:

Zeigen Sie Ihr Liebesglück!

Sie sind Hals über Kopf verliebt? Da ist »jemand Neues« in Ihrem Leben? Es hat sich »was getan« und Ihr Single-Dasein ist beendet?
Herzlichen Glückwunsch!
Nun heißt es, diese tolle Neuigkeit zu verbreiten! Denn was bisher nur in Ihren Augen zu entdecken war, soll nun die ganze Welt erfahren: Es haben sich zwei gefunden – und das Beste: Sie sind einer davon!
Wären Sie prominent, würde es auf den Titeln der Regenbogenpresse, vom *Goldenen Blatt* bis zur *Frau mit Herz*, nun heißen: »ENDLICH: NEUES LIEBES-GLÜCK!«.
Da Sie jedoch *noch* (siehe Lektion Nr. 26: So werden Sie ein YouTube-Star!) nicht berühmt sind, müssen Sie die Sensation leider selbst unters Volk bringen.
Ein Glück, dass es dafür Facebook gibt: Das Goldene Blatt des kleinen Manns. Der perfekte Ort, um von Ihrem jungen Glück zu berichten. Doch bevor Sie nun an die Tastatur stürmen und das, was in Ihrem Herz passiert, eilig in Worte fassen und der Welt verkünden möchten …
Überstürzen Sie nichts! Nehmen Sie sich alle Zeit und Ruhe, die gute Kunde zu verbreiten.

Es ist schließlich **die** Exklusivmeldung Ihres Lebens! Besser wird es nicht. Selbst zwanzig Kilo Gewichtsverlust, ein Umzug in eine andere Stadt, ein riesiger Karrieresprung oder alles drei zusammen (»Hey Freunde, habe ordentlich abgespeckt, ziehe nach Ingolstadt und bin ab nächsten Montag im Audi-Vorstand!«) ist in sozialen Netzwerken nichts im Vergleich zu Nachrichten von neuen Pärchen. Nur Fotos von gerade geborenen Babys spielen in einer ähnlichen Liga – und das auch nur, wenn es schöne Babys sind!

Um Ihr junges Glück also entsprechend zu würdigen, empfehle ich einen dreistufigen Plan. Wie bei einem guten Feuerwerk (der Liebe) sollten Sie dabei langsam beginnen und sich dann immer weiter steigern – bis zum großen Knall am Ende.

Stufe eins: Romantische Weisheiten

Teilen Sie wie bisher Ihre acht bis fünfzehn Bilder mit Weisheiten pro Tag. Doch statt wie üblich auf eine gut ausbalancierte Mischung aus nachdenklichen, humorvollen und traurigen Sprüchen zu setzen, veröffentlichen Sie nur noch romantische Weisheiten über die Liebe. Etwa:

Das große Glück in der Liebe
besteht darin, Ruhe in
einem anderen Herzen zu finden.

Liebe ist das Einzige,
was sich verdoppelt, wenn man es teilt.

Ein, zwei Wochen jeden Tag ein Dutzend solcher Bilder, und Ihre Freunde werden sich so langsam denken: »Huch, seit einiger Zeit schon so romantisch. Da ist doch was im Busch!«
Die Lunte ist gelegt. Zeit für Stufe zwei!

Stufe zwei: Höchste Zeit für Vaguebooking

Die unkonkreten Nachrichten sind genau das richtige Mittel, um den Verdacht, dass Sie nicht mehr so ungebunden sind wie eine schlechte Sauce, ein wenig zu erhärten, ohne ihn vollends zu bestätigen. Nutzen Sie sie! Wie immer gilt: lieber zu oft als zu selten.

> »Ich wusste es: Nach vier Jahren Regen kommt dann doch Sonnenschein!«

> »Hallo Freunde, hier ist gerade jemand ganz schön glücklich!«

> »Manchmal lohnt es sich eben, zu warten!«

> »Zusammen ist man weniger alleine!«

Und ganz am Ende der Serie ein viel- und doch nichtssagendes:

> Love is in the air!!!!

Perfekt! Immer noch nicht final verraten, was Sache ist, aber die Neugierde all Ihrer Freunde ins Unendliche gesteigert! Ach, übrigens, verwenden Sie bei diesen Mitteilungen gerne auch noch mehr Smileys als bisher und streuen Sie ab und an ein paar Herzchen ein. Es soll ja nicht nur Interesse wecken, sondern auch alles hübsch ausschauen.

Apropos hübsch ausschauen: Nun wird es langsam Zeit für den Höhepunkt. Den Knall! Internet-Anfänger würden vielleicht einfach ihren Beziehungsstatus ändern. Wir hingegen bevorzugen die ganz große Geste. Die eine Handlung, die keinen Spielraum mehr für Interpretationen lässt. The Big Bang.

Die finale Stufe drei: Das Pärchenprofilbild

Die beste und allerallerschönste Art, sein neues Liebesglück zu verkünden, ist das Pärchenprofilbild. Sie und Ihr Schatz gemeinsam auf einem Lichtbild des Glücks.
Es sagt nicht nur: Ich bin liiert, sondern zeigt auch gleich, mit wem. Idealerweise laden Sie es zu einem fest verabredeten Zeitpunkt in beiden Profilen hoch. Wer mit jemandem eins geworden ist, braucht Individualität ab sofort nur noch gemeinsam. Im Gegensatz zu Ihrem herkömmlichen Profilbild müssen Sie das Partnerbild auch nicht mehr täglich wechseln. Wer nicht mehr auf dem Markt ist, braucht auch keine hübsche Auslage mehr.
Lassen Sie das neue Bild einfach so lange stehen, wie Sie zusammen sind. Also: für immer. Aber schmeißen Sie nach einer Weile jeden aus Ihrem Freundeskreis, der Ihr Pärchenprofilbild nicht gelikt hat. Wer Ihnen keine Liebe gönnt, kann ab sofort schön alleine Candy Crush spielen!

Awwwwww! Wer das nicht likt, hat kein Herz!

lektion nr. 20:

Verbergen Sie Ihr Scheitern!

Sie sind Hals über Kopf entliebt? Es hat sich ausgefunkt? Sie haben sich ordentlich vertan und Sie sind wieder Single?
Halb so schlimm! Damit hätte zwar niemand rechnen können, aber glücklicherweise gilt das im vorherigen Kapitel geschilderte Programm zur Verkündung einer neuen Liebe auch für Trennungen. Nur einfach in umgekehrter Reihenfolge!

Stufe eins:
Weg mit dem dämlichen Pärchenprofilbild

Als Erstes löschen Sie voller Hass das gemeinsame Bild mit Ihrem Partner! War ohnehin eine schwachsinnige Idee. Lichtbild des Glücks? Lichtbild des Grauens!
Danach freunden Sie sich wieder mit allen an, die Sie damals etwas übereilt entfreundet hatten, nur weil sie das Bild nicht gelikt haben. Was für kluge, weitsichtige Freunde das doch sind! Und wie recht sie hatten, diese von Anfang an lächerliche Liaison nicht mit einem »Gefällt mir« zu goutieren.
Im Anschluss daran nehmen Sie ein neues Profilbild

auf. Denken Sie ab sofort wieder an Lektion Nr. 5. Sie sind wieder auf dem Markt, da sollte die Auslage abwechslungsreich und interessant sein! Arbeiten Sie bei Ihren neuen Profilbildern auch gerne mit ein wenig Photoshop und schicken Filtern – denn jünger sind Sie in der vertanen Zeit Ihrer sogenannten Liebesbeziehung ja auch nicht gerade geworden. Da kann es nicht schaden, in die digitale Zauberkiste zu greifen, um überhaupt noch konkurrenzfähig zu bleiben!

Stufe zwei:
Vaguebooking

Nun wird es wieder Zeit für die unkonkreten Nachrichten – nur dieses Mal mit deutlich schlechteren Vorzeichen. Lassen Sie Ihre Freunde erahnen, dass Sie gerade eine schwere Zeit durchstehen – aber ohne offiziell zugeben zu müssen, dass Sie vollkommen am Boden sind!

Ach, ach, ach, ach, ach … oh weh!

Hätte ich es nur vorher gewusst!

Eine Flasche Vodka ✔
Zwei Packungen Vanilleeis ✔
Drei Flaschen Rotwein ✔
Vier Packungen Taschentücher ✔
Der Abend kann kommen!

Stufe drei:
Weisheiten

In der letzten Stufe der Verarbeitung Ihrer Trennung greifen Sie wieder auf die allseits beliebten Bilder mit Weisheiten zurück. Doch statt romantische Sprüche über die Liebe, wie damals, als Sie frisch verliebt waren, teilen Sie nun eher düstere Botschaften. Vielleicht etwas wie …

Fahren Sie mit dem Teilen solcher und ähnlicher Botschaften fort, bis wirklich jeder in Ihrem Freundeskreis begriffen hat, dass Sie wieder alleine sind, und Ihnen genügend Trost und Zuspruch von allen Seiten zugekommen ist.
Nutzen Sie in diesen schweren Zeiten auch unbedingt den Einzeiler zur Nacht aus Lektion Nr. 14.
Und irgendwann heißt Ihr Motto: Hinfallen, aufstehen, Krönchen richten, weitergehen! Auf jeden Topf passt schließlich ein Deckel – und findet sich partout kein Deckel, tut es zur Not auch ein Teller. Nur Mut: Auch Sie werden jemanden finden, der das Leben und sein Profilbild für immer mit Ihnen teilen möchte!

lektion nr. 21:

Berichten Sie aus Ihrem »Urlaub«!

Die Reichen und Wichtigen unserer Gesellschaft erwähnen in Interviews gerne, dass sie im Urlaub komplett abschalten von ihrer 80-Stunden-Woche und das Handy dann von Ankunft bis Abflug aus bleibt. Das können diese Menschen sich auch erlauben, denn sie sind reich und wichtig.

Leider gilt das nicht für alle!

Für Sie sind Urlaube nicht zur Erholung vorgesehen, sondern zur medialen Darstellung von Erholung! Von was sollen Sie sich auch erholen? Schließlich ist Ihr Job auch nur die Darstellung von Arbeit. Zum Beispiel wenn der Chef durch den Türspalt hineinlugt und Sie schnell die Urlaubsbilder der Freunde wegklicken, die Sie sich gerade in der Hoffnung angesehen haben, doch noch kleinere Fettpölsterchen an deren Beach Bodys zu finden.

Verlieren Sie also keine Zeit! Beginnen Sie gleich mit einem Klassiker der Social-Media-Reiseberichterstattung! Nehmen Sie Fotos der Flügelspitzen des Flugzeugs auf, die Sie nach der Landung mit einem Zitat gespickt posten können. Das können Sie sich ruhig ausdenken, keiner wird nachrecherchieren:

»Erst wenn mein Körper fliegt, kann mein Geist landen. (Charles de Gaulle)«

»Fliegen ist wie schwimmen, nur in einem anderen Medium. (Albert Einstein)«

Das wirkt gebildet und abgeklärt und transportiert geschickt die eigentliche Message:

»Guckt mal, ihr Loser, ich bin in einem Flugzeug!«

Sollten Sie im Zug unterwegs sein, ist der Blick aus dem Fenster natürlich weniger spektakulär. In diesem Fall machen Sie sich einfach über das Englisch in den Durchsagen lustig! Posten Sie einfach »Sänk you for träveling wis Deutsche Bahn«, das erhebt Sie geschickt über das Zugpersonal, ohne allzu angeberisch zu wirken. Notfalls tut es auch eines dieser durch die Bahnfenster aufgenommenen, verschwommenen Fotos von vorbeiziehender Landschaft.

Verschwommene Bahnstrecken: Kunstwerke des kleinen Mannes.

Weitaus wichtiger als die Art der Anreise ist jedoch das Ziel. Fahren Sie nicht an Orte, die SIE interessieren – wählen Sie stattdessen Orte, die IHRE FREUNDE interessieren!
Es geht schließlich darum, möglichst viel Neid und Anerkennung zu erzielen.
Sie wollten schon immer mal das Geburtshaus Ihres Großvaters in Litauen aufsuchen? Fahren Sie in die Toskana. Sie haben einen Doktor in rumänischer Literatur und die Bukarester Buchmesse steht an? Fliegen Sie nach Barcelona. Ihr Partner wurde nach Libyen verschleppt und die Entführer verlangen, dass Sie persönlich das Lösegeld übergeben? New York soll um diese Zeit toll sein.
Am Urlaubsort angekommen, ist der Blick aus dem Hotelzimmer ein guter Einstieg. Hier tritt die wichtigste Regel des Aus-dem-Urlaub-Postens in Kraft: Nur Gutes, Schönes und Beneidenswertes wird berichtet!
Blicken Sie aus Ihrem Zimmer auf einen Palmenstrand? Dann fragen Sie schleunigst nach dem WLAN-Schlüssel des Hotels, machen Sie ein Foto und ab auf Facebook damit.
Blicken Sie aus Ihrem Zimmer auf eine verschimmelte Wand? Dann fragen Sie schleunigst nach dem WLAN-Schlüssel des Hotels, googeln Sie »Hawaii 5 Star Resort« und suchen Sie sich dort ein schönes Foto für Facebook aus. Haben Sie dabei kein schlechtes Gewissen: Die Berichterstattung von Ihrer Reise muss nie seriöser sein als die Abendnachrichten am Urlaubsort.

Mit dem ersten Foto ist nun der Kampf eröffnet. Das viele Geld, das Sie für Ihren Urlaub ausgegeben haben, will jetzt in Form von Likes wieder eingespielt werden. Urlaube sind neben Autos, Häusern und allen Produkten von Apple mit die teuersten Investitionen, die wir in unseren Social-Media-Accounts tätigen. Entsprechend hoch ist der Druck, dass die Reise auch einen entsprechenden Imagegewinn für Sie abwirft. Verreisen, ohne davon zu erzählen, ist wie spenden, ohne davon zu erzählen: wertlos! Die Faustregel lautet: Für jede zehn Euro, die Sie ausgeben, ist ein Post fällig.

Die Pizza Margherita im Strandcafé ist also zwei Fotos wert. Ihre Abenteuer beim Hütchenspiel sogar zehn! Aber hey, machen Sie einfach ein paar Selfies mit den Trickbetrügern und verkaufen Sie diese auf Facebook als Ihre neuen Freunde! Das garantiert Ihnen weitere Pluspunkte, da Sie so schnell Anschluss bei den Einheimischen gefunden haben. Um diesen Eindruck zu unterstützen, sollten Sie auch unbedingt ab der Mitte des Urlaubs auf Englisch posten.

Sollten Sie sich unsicher sein, ob ein Urlaubsbild interessant genug für Facebook ist, lautet die Regel: Ja, ist es!

Schießen Sie daher aus allen Rohren – so, wie Ihr Großvater es vor fünfundsiebzig Jahren an diesem Ort schon getan hat!

Das Hotelfrühstück ist jeden Tag aufs Neue eine Sensation – Frühstückseier muss man erst einmal so hinbekommen. Und auch am zwölften Strandtag in Folge

finden sich sicher noch ein paar Muscheln, die Ihre Freunde zu Hause noch nicht gesehen haben.
Wenn Sie wirklich kein neues Motiv mehr entdecken, bietet sich natürlich immer auch der Klassiker an: Ihre Beine am Strand, locker mit dem Smartphone aus der Hüfte geschossen. Social-Media-Kenner sprechen hier vom »Wiener Doppelwürstchen« beziehungsweise von »Hot-Dog Legs«!

Gerade für solche Strandfotos von Ihnen bieten sich auch ironische Sprüche als Begleitung an.

Harter Arbeitstag ;-)

Vermisse Deutschland wirklich seeeeehr ;-)

Kommt immer gut an. Das verspreche ich Ihnen!
Sollten Sie im Gegensatz zu den zähen Tagen am Strand zur Abwechslung ein tatsächliches Highlight erleben, spielen Sie es herunter! Sie wollen ja nicht wie ein blutiger Anfänger wirken, der schon von so Kleinigkeiten wie den Pyramiden beeindruckt ist. Der Text zu dem ägyptischen Weltwunder sollte daher in etwa so lauten (denken Sie dran: Englisch!): »Some Egyptian houses I found around the corner on my daily camel ride.«
Wenn Sie schließlich im Flieger zurück nach Hause sitzen, haben Sie es geschafft! Ihre Arbeit ist getan. Die zwei bis zwölf Stunden des Rückflugs gehören ganz Ihnen. Hier findet der eigentliche Urlaub statt. Kommen Sie dort endlich mal zur Ruhe. Jetzt dürfen Sie – wie ein echter Promi – sogar mal Ihr Handy ausschalten. Lesen Sie mal wieder ein Buch, schauen Sie Filme, genießen Sie die Bordküche. Wie auch immer: Entspannen Sie.
Ihre nächste Aufgabe wird erst wieder nach Ihrer Rückkehr auf Sie zukommen: Die 1267 Meisterwerke Ihrer Digitalkamera warten darauf, als Facebook-Album gepostet zu werden.

lektion nr. 22:

So trauern Sie in sozialen Netzwerken angemessen!

Sterben ist natürlich ein sehr schwieriges Thema, doch keines, das wir in diesem Ratgeber ... nun ja ... totschweigen sollten. Zumindest was die öffentliche Trauer um Prominente angeht. Michael Jackson, Amy Winehouse, Robin Williams, Udo Jürgens – sie alle eint nicht nur ein Talent, mit dem sie Menschen begeisterten, sondern auch, dass ihr Tod jeweils ein großes Thema in den sozialen Medien war.
Stirbt ein Prominenter, hat sich dabei in den letzten Jahren ungefähr folgendes Schema entwickelt: Zunächst brodeln ein paar Gerüchte, man ist sich jedoch noch nicht ganz sicher. Vielleicht wieder nur eine Falschmeldung. Doch dann bestätigen große Medien wie *Tagesschau, DIE ZEIT* oder *SPIEGELONLINE* die Nachricht als Eilmeldung. Das Gerücht ist zur Gewissheit geworden. Und dann geht es los.

Welle eins:

Schon wenige Minuten nach der Eilmeldung veröffentlichen die ersten User Beiträge wie »Oh, nein! Per-

son X ist gestorben«, »Rest in peace« oder einfach nur den Klassiker »R. I. P.«. Viele verlinken auch direkt ein Video oder drücken in ein paar kurzen Sätzen aus, wie wichtig der Prominente in ihrem Leben war.
Dabei scheint es interessanterweise auch einige Facebook-Nutzer zu geben, denen irgendwie **alle** berühmten Persönlichkeiten, die versterben, wahnsinnig wichtig waren. Oder sie mögen es vielleicht einfach gerne, ein wenig zu trauern. Auch ein gutes Hobby. Ob diese Personen es auch im echten Leben so halten und jede Woche ein, zwei Beerdigungen ihnen völlig unbekannter Menschen besuchen? Vielleicht um die Balance im Leben zu halten und sich ein wenig … zu erden?
Auch ein interessanter Typ Mensch sind jene, die unbedingt erwähnen müssen, dass sie den Verstorbenen einmal getroffen haben, egal wie verquer diese Verbindung war. Es entstehen Posts, in denen in 90 Prozent der Fälle die Wörter »kennenlernen«, »durfte« und »bereichernd« verwendet werden.
Ob bereichernd oder nicht: So geht also die Reihe der Beileids- und Trauerposts in den sozialen Netzwerken munter weiter (beziehungsweise: nicht munter), bis sich irgendwann das Thema der Beiträge leicht dreht.

Dies ist der Beginn der zweiten Welle:

Die ersten Nutzer beschweren sich über die, die in sozialen Netzwerken trauern. Facebook, Twitter und

Co. seien dafür nicht der geeignete Ort. Zumindest nicht, indem man einfach nur ein »R. I. P.« postet. Und überhaupt: »In Afrika sterben jeden Tag Hunderte Menschen und jetzt wird um diese eine Person so viel Aufheben gemacht.«
Ein Satz, an den man manche, die ihn posten, gerne mal bei einer privaten Trauerfeier erinnern möchte. Muss man aber gar nicht, denn dafür gibt es die Vertreter der dritten Welle, die kurz danach einsetzt.

Die dritte Welle:

Das sind die, die jene der zweiten Welle angreifen, da die der ersten Welle ja sehr wohl das Recht hätten, so zu trauern, wie es ihnen am liebsten ist. Dass sie sich trauen, anderen vorzuschreiben, wie oder um wen sie trauern, sei ja wohl am allertraurigsten. Ab diesem Zeitpunkt ist die Diskussion eröffnet und es geht zwischen den Vertretern dieser Lager hin und her. Bald sieht es in den Kommentarfeldern der Netzwerke so aus, als hätten sich Fischhändler Verleihnix und der Schmied Automatix aus den *Asterix*-Bänden gefetzt: Der Anlass ist bald vergessen, doch auf einmal streitet sich das gesamte Dorf. Nur hier eben das digitale Dorf. Bei jedem Tod dasselbe. Ändertsichnix.
Am Ende des Tages sind schließlich zwei gestorben: der Prominente und die Diskussionskultur. R. I. P.
Wie jedoch verhalten **Sie** sich nun am besten in einem solchen Fall? Auf der einen Seite möchten Sie natür-

lich einen Beitrag verfassen, auf der anderen Seite wollen Sie es sich mit niemandem verscherzen. Mein Tipp: Nutzen Sie die sogenannte Wahlkampftaktik: Bleiben Sie unangreifbar, indem Sie einfach **jede** Position vertreten! Eine fein abgestimmte Mischung aus Welle eins bis drei. Zum Schluss vielleicht noch eine kleine Ablenkung, um das Thema noch weiter zu entschärfen. Das könnte dann zum Beispiel so aussehen:

> »Ich trauere, allerdings mit schlechtem Gewissen wegen all der anderen nicht so bekannten Menschen und weil ich mir nicht sicher bin, ob soziale Netzwerke dafür der geeignete Ort sind. Aber eigentlich habe ich auch das Recht dazu.
> Morgen mache ich vielleicht mal wieder Frikadellen mit Kartoffelpüree zum Mittag. Gab es schon lange nicht mehr.«

lektion nr. 23:

So gewinnen Sie beim Onlinedating!

Nun haben Sie bereits eine Menge über Facebook gelernt.
Gehen wir einen Schritt weiter und schauen uns andere Onlinephänomene an. Gleich zu Beginn etwas sehr Essenzielles: online Liebe finden!
Ganz im Gegenteil zu der vermeintlich so wichtigen »Ehrlichkeit«, die windige »Internet-Experten« in den Medien immer wieder als Maxime des Onlinedatings nennen, gibt es beim digitalen Flirt eigentlich nur einen wichtigen Grundsatz:

Lügen Sie, dass sich die Balken biegen!

Ziehen Sie dabei alle Register! Fügen Sie 20 Zentimeter Körpergröße hinzu, ziehen Sie 15 Kilo Gewicht ab und geben Sie »finanziell unabhängig« an, auch wenn Sie damit eigentlich nur Ihren Dispokredit meinen. Vor allem: Nutzen Sie Photoshop. Oder noch besser: Suchen Sie sich im Internet ein Bild von jemand anderem. Hierbei hat es sich als ratsam erwiesen, nach Menschen zu googeln, die in der Liste der »Sexiest People Alive« so ungefähr zwischen Platz 50 und 100

rangieren. Denn diese sind für Ihre Zwecke unbekannt genug, aber immer noch ziemlich heiß!
Wenn Sie eine Frau sind, ist damit eigentlich schon alles getan. Wenn Sie hingegen ein Mann sind, fügen Sie noch ein paar interessante Hobbys ein. Hier kommt es auf den richtigen Mix zwischen Außergewöhnlichem und Bodenständigem an. Zum Beispiel: Segeln, Tischlerarbeiten, Falknerei, Kickboxen, Amateurfunk, Paartanz, diverse Ehrenämter und niederländische Vorkriegsliteratur. Runden Sie das Ganze dann noch mit einem schönen Motto ab. Zum Beispiel: Carpe diem.
Nun raten diverse »Flirt-Experten«, ein anderes Motto zu verwenden, dieses sei ziemlich ausgelutscht und zu weit verbreitet. Umso besser! Stellen Sie sich nur vor, wie schön es ist, wenn in einer Singlebörse zwei Menschen aufeinandertreffen, die beide »Carpe diem« gewählt haben. Da ist es doch nur noch ein kleiner Schritt, bis der Tag gemeinsam gepflückt werden kann.
Aber wie, werden Sie fragen, soll ich denn bloß meinen zukünftigen Partner von mir überzeugen, wenn er direkt beim ersten Treffen merkt, dass ich kräftig gemogelt habe?!
Nun, sicher kennen Sie das Stockholm-Syndrom! Also jenes Phänomen, bei dem die Opfer einer Geiselnahme nach einer gewissen Zeit Sympathien für die Täter aufbauen – auch wenn diese am Anfang erschreckend und grausam wirken. Genau darauf vertrauen Sie ebenfalls! Bis es so weit ist und das Stockholm-

Syndrom ausbricht, hilft ein weiteres psychologisches Phänomen: das der versunkenen Kosten. Denn wir sträuben uns dagegen, etwas nicht zu vollenden, wenn wir schon darin investiert haben. Der schrecklich langweilige Tatort, den wir zu Ende schauen, weil wir ihn ohnehin schon 65 Minuten verfolgt haben. Der grausam missratene Gartenteich, den wir trotzdem fertig bauen möchten, weil wir schon 2500 Euro im Baumarkt gelassen haben. Die fürchterliche Ehe, aus der wir uns nicht trauen, nach 34 Jahren zu flüchten. Lieber stecken wir die Zigaretten wieder ein und gehen wie selbstverständlich heim, durchs Treppenhaus mit Bohnerwachs und Spießigkeit.
Wir möchten eben, dass sich etwas, in das wir Zeit, Geld oder Mühe investiert haben, für uns irgendwie lohnt. Auch wenn es noch so hoffnungslos ist.

Das ist Ihre Chance! Zögern Sie daher das erste Treffen so weit hinaus, bis Ihr Onlineflirt bereits so viele Abende mit Ihnen am Computer verbracht hat, dass einfach etwas dabei herumkommen **muss**!
Während der ersten drei, vier Dates, in denen Sie Ihrem Gegenüber erklären, dass Sie in Ihrem Profil aus Versehen »Waschbrettbauch« statt »Waschbärbauch« geschrieben haben und dass sich auch bei Ihrer Größenangabe ein kleiner Zahlendreher eingeschlichen haben muss, greift das Phänomen der versunkenen Kosten. 1765 liebevolle Nachrichten und die Reise von München nach Lübeck dürfen einfach nicht umsonst gewesen sein, wird Ihr Gegenüber

denken und diese Ungereimtheiten schnell verzeihen: 1,59 Meter statt 1,95 Meter – klar, eine kleine Enttäuschung, aber darüber lässt sich doch hinwegsehen.
Ab Treffen vier bis fünf greift dann langsam das Stockholm-Syndrom, Ihr Garant für eine lange, glückliche Liebe. Und das alles nur, weil Sie am Anfang ein wenig geflunkert haben.
Die Liebe ist ein seltsames Spiel – aber Sie gewinnen!

lektion nr. 24:

Vergessen Sie Tinder!

Tinder ist ein riesiges Fotoarchiv für Bilder von Frauen, die am Strand sorgenlos in die Luft hüpfen, und für Bilder von oberkörperfreien Männern.

Darüber hinaus ist Tinder theoretisch eine sehr nützliche Flirtplattform, auf der Menschen Bilder von anderen bewerten können. Finden sich zwei gegenseitig akzeptabel, gibt es ein *Match*. Erst ab dem Zeitpunkt eines Matchs können sich beide schreiben, später treffen und noch ein wenig später ein glückliches Paar werden.

So weit die Theorie. Es hat sich jedoch unter den meisten Nutzern des Dienstes etabliert, nach dem Match nichts mehr zu unternehmen und die potenziellen Partner eher als eine Art digitales Stickeralbum zu sammeln.

Um auf Tinder also nicht unangenehm aufzufallen, sollten Sie ebenso verfahren. Klicken Sie sich die Finger wund, schreiben Sie aber bloß niemanden an!

Da Tinder auf Ihre Facebook-Fotos zurückgreift, eignet es sich ohnehin kaum dazu, die große Liebe zu finden. Denn durch die Verwendung echter Bilder kann kaum geschummelt werden, was, wie wir im vorherigen Kapitel gelernt haben, eine der wichtigsten Voraussetzungen für gelungenes Onlinedating ist.

lektion nr. 25:

Nutzen Sie Instagram als kostenloses Fotoarchiv!

Sich auf Instagram korrekt zu verhalten ist nicht sonderlich schwer, denn hier ist eigentlich alles vollkommen egal. Schauen Sie sich dort einmal kurz um und Sie werden merken: Es gibt keine Regeln und kein System – wofür Anarchisten seit Jahrzehnten vergeblich kämpfen, auf Instagram ist es bereits Wirklichkeit geworden. Nur auf chefkoch.de ist noch mehr möglich (siehe Lektion Nr. 28).

Fotografieren Sie einfach irgendetwas, legen Sie noch einen Retro-Filter drauf, fertig. Egal, was oder wen Sie vor die Linse Ihres Smartphones zerren, es wird sich auf Instagram immer jemand finden, der »tolles Bild« kommentiert. Mit dem richtigen Filter und einem interessanten Winkel werden so auch aus eher schwierigen Motiven wie zum Beispiel dem Ergebnis Ihres Stuhlgangs kleine Kunstwerke. Probieren Sie es aus, die Kommentare und Herzchen werden nicht auf sich warten lassen.

Cool. Fast ein perfektes L!

Sieht genauso aus wie gestern. Konstante Leistung!

Süßer Kringel am Ende! <3

Hast du Erdnüsse gegessen? ;-)

Auf Instagram geht alles! Nutzen Sie die App daher als Archiv für alle Bilder, die Ihnen als zu schlecht für andere Netzwerke vorkommen. Haben Sie dabei keine Bedenken, etwas könnte zu trivial oder uninteressant sein. Das Mantra lautet: »Für Instagram reicht's!« Und der Filter wird es schon richten.

Wenn Ihnen dann irgendwann Ihr Handy gestohlen wird und Sie sich nach dem ersten Schock mit dem materiellen Verlust abgefunden haben, aber doch schmerzhaft dieses eine Bild vermissen, auf dem Sie ein Stück Käsekuchen so fotogen abgelichtet haben, werden Sie sich darüber freuen, es in Ihrem Instagram-Account wiederzufinden. Nutzen Sie das Netzwerk also als kostenfreie Cloud, um alle Ihre Bilder zu sichern. Wofür bei vielen anderen Diensten Gebühren fällig werden, hier ist es umsonst. Ganz schön praktisch, nicht wahr?

Und es wird noch besser: Nebenbei bereiten Sie mit Ihrem Archiv auf Instagram auch anderen große Freude. Warum, weiß niemand so genau. In den Siebzigern nannte man den Versuch, Menschen dafür zu begeistern, sich stundenlang vollkommen uninteressante Bilder anzuschauen, »Diabende« – und sie waren zu Recht gefürchtet und verpönt. Nennt man dasselbe Prinzip jedoch *Instagram*, verliert es seinen Schrecken und ist ziemlich angesagt. Uns soll es recht sein.

lektion nr. 26:

So werden Sie ein YouTube-Star!

Wäre es nicht wunderbar, ein Star zu sein? Ein Schauspieler, der für seine eindrucksvollen Darstellungen bewundert und ausgezeichnet wird. Eine Sängerin, die mit ihren Melodien Millionen berührt. Ein Maler, dessen Werke trotz eines eigenwilligen Stils stets neue Höchstpreise erzielen. Ein Fußballer internationalen Formats, der immer wieder Tore und wunderschöne Frauen trifft.

Das Problem: Sie brauchen mindestens ein Talent. Wo wäre Oscarpreisträger Al Pacino ohne seine Ausdrucksstärke? Wo wäre Gesangswunder Adele ohne ihre Stimme? Wo wäre Werbestar Ronaldo ohne sein schönes Gesicht?

Die Lösung: das Internet! Denn der unglückliche Missstand, dass bisher nur Menschen mit speziellen Fähigkeiten berühmt werden konnten, wurde hier endlich beseitigt.

Nach jahrelanger Vorarbeit durch private Fernsehsender, die mit Formaten wie »Big Brother« wichtige Grundlagen schufen, vollendete YouTube den Traum des einfachen Mannes oder der simplen Frau: Nichts können, alles erreichen.

Wenn Sie also keine besonderen Fähigkeiten haben,

jedoch von den Anstrengungen der gewöhnlichen Lohnarbeit abgeschreckt sind, haben Sie zwei Möglichkeiten für die weitere Gestaltung Ihres Lebenswegs:

a) staatliche Unterstützung beantragen,

b) YouTube-Star werden.

Ich empfehle Ihnen eindeutig Möglichkeit b), da Sie hier weniger Stress bei gleichzeitig deutlich höherem Einkommen erwarten können. All die Mühen eines Lebens als Sozialhilfeempfänger bleiben Ihnen erspart, wenn Sie stattdessen YouTube-Star werden. Hier können Sie einfach den ganzen Tag vor dem PC sitzen – also im Grunde das machen, was man Sozialhilfeempfängern immer vorwirft.

Der Trick ist: Ab und an die Kamera einschalten und alles online stellen.

Thematisch sind Sie völlig frei. Suchen Sie sich einfach irgendetwas, worüber Sie gerne berichten würden (wählen Sie notfalls Ihr eigenes Leben). Beachten Sie dabei jedoch, dass sich auf der Videoplattform in den letzten Jahren ein gewisses Muster herauskristallisiert hat: Je unsinniger Ihr Thema ist, desto mehr Erfolg können Sie erwarten (wählen Sie also auf jeden Fall Ihr Leben!). Intuitiv würde man zwar damit rechnen, dass vor allem jene YouTuber gerne angeschaut werden, die besonders hilfreiche oder interessante Videos aufnehmen – aber Pustekuchen! Stumpf ist Trumpf.

Die vier wichtigsten Themen, mit denen Sie garantiert immer gut ankommen:

1. Make-up-Tutorials

Hier filmen Sie sich, während Sie sich schminken, und verdienen damit Geld, mit dem Sie sich dann neue Schminke kaufen können. Irgendwann bekommen Sie die Schminke dann direkt von den Schminke-Herstellern geliefert und verdienen mehr Geld, weil Sie keine Schminke mehr kaufen müssen. Dann beginnen Sie, Links zu der von der Herstellern gelieferten Schminke unter Ihre Videos zu setzen, und verdienen damit noch mehr Geld. Mittlerweile verdienen Sie so viel Geld, dass Sie sich theoretisch schminken lassen könnten, aber das wäre für das Konzept vielleicht eher unklug. Ach ja … vergessen Sie nicht, statt Schminke immer »Make-up« zu sagen!
Klingt alles, wie der fiebrige Wunschtraum eines kleinen Mädchens, gibt es aber wirklich.

2. Let's-Play-Videos

Hier filmen Sie sich, während Sie Videospiele zocken, und verdienen damit Geld, mit dem Sie sich dann neue Videospiele kaufen können. Irgendwann bekommen Sie die Videospiele dann direkt von den Videospiele-Herstellern geliefert und verdienen mehr Geld, weil Sie keine Videospiele mehr kaufen müssen.
Klingt alles wie der fiebrige Wunschtraum eines kleinen Jungen, gibt es aber wirklich.

3. Haul-Videos

Hier filmen Sie das, was Sie zum Beispiel bei Primark oder H&M gekauft haben, zeigen es Ihren Followern und verdienen damit Geld. »Haul« steht im Englischen für Ausbeute – und das passt eigentlich ganz gut: Denn auf der einen Seite der Welt, zum Beispiel in Bangladesch, nähen Kinder Klamotten zusammen und bekommen dafür recht wenig Geld. Auf der anderen Seite der Welt, zum Beispiel in Berlin, packen andere Kinder diese Klamotten wieder aus und bekommen dafür viel Geld. Manchmal sogar direkt von den Herstellern, die den Kindern aus Bangladesch lieber nicht so viel Geld bezahlen. Klingt alles wie der fiebrige Traum des Kapitalismus, gibt es aber wirklich.

4. Sami Slimani

Auch ich habe meine Grenzen und kann nicht alles erklären. Muss man gesehen haben!

Das waren die vier wichtigsten Erfolgsformate. Zumindest die, für die Sie wirklich kaum Talent benötigen.

Fehlt nur noch eines: die richtige Nische.

Wenn es schon Tausende gibt, die Let's-Play- oder Make-up-Videos aufnehmen – was sollte dann Ihr Thema sein?

Versuchen Sie etwas ganz Neues und machen Sie alles vier zusammen! Während Sie sich mit der einen Hand schminken, zocken Sie mit der anderen ein Computerspiel. Danach packen Sie etwas von H&M oder Primark aus. Würzen Sie das Ganze abschließend mit einem Schuss Sami Slimani. Zum Beispiel, indem Sie Ihren Zuschauern sagen, wie liiiiiiiieb Sie sie haben und dass jeder von ihnen alles schaffen kann, wenn er nur will und an sich glaubt. Grinsen Sie danach noch einmal fröhlich in die Kamera und laden dann alles auf YouTube hoch.

Goodbye Hartz IV! A new star is rising!

lektion nr. 27:

Entspannen Sie auf Google Plus!

Mit dem Internet kann es manchmal wirklich ein wenig stressig werden: Da hat man schon ein, zwei schöne Instagram-Bilder veröffentlicht, die ersten fünf Facebook-Posts geschrieben und in zwanzig, dreißig flotten Tweets das Weltgeschehen kommentiert, bis einem einfällt, dass der Mailaccount noch gar nicht aufgerufen wurde. Also auch dort schnell nachschauen, zumindest die fünfzehn wichtigsten Mails beantworten, alle weiteren mit »zur Wiedervorlage« markieren, fix eine kleine Präsentation für den Chef bauen und die Excel-Tabelle des schusseligen Kollegen korrigieren. Anschließend kurz das Wetter sowie die wichtigsten Blogs checken ... Tja, und dann heißt es auch schon: Aufstehen und raus aus dem Bett!

Was haben wir eigentlich früher in der ersten Viertelstunde des neuen Tages gemacht? Vermutlich die Schlummertaste gedrückt. Oder jemanden neben uns. Egal. Diese romantischen Zeiten sind längst vorbei. Schlimmer noch: Der Hektik des Internets können sich die meisten von uns auch nach dem Aufstehen nicht entziehen. Denn auch danach geht es munter weiter:

Die ersten Likes für das Selfie aus dem Bett trudeln ein, Kommentare und Replies (»Ist die Bettwäsche von

Butlers?«) wollen beantwortet werden, und auch Sie selbst möchten das ein oder andere Herzchen vergeben oder mal auf »Gefällt mir« klicken. Auf dem Weg zur Arbeit dann neue Posts, Mails, Neuigkeiten. Im Büro angekommen, wird es natürlich auch nicht weniger stressig. So geht es mit der digitalen Dauerbelastung weiter bis in die späten Abendstunden. Entspannung sieht anders aus.

Das Netz ist spätestens seit Social Media zu einem Vollzeitjob geworden – nur ohne Urlaubstage, Krankengeld oder der Chance zu kündigen. Eine Frage der Zeit, bis die ersten Gewerkschaften nicht mehr ihre Arbeitgeber, sondern das Internet bestreiken. Die Hauptforderung müsste lauten: Lohnfortzahlung im Offlinefall.

Glücklicherweise gibt es in all diesem Trubel eine Insel der Ruhe. Ein Ort, an dem Sie niemand stört. Eine Oase der Entschleunigung: Google Plus! Wenn alles zu viel wird, loggen Sie sich einfach dort ein und machen ein wenig Urlaub. Hier kommentiert niemand, was Sie schreiben – noch besser: Es sieht noch nicht einmal irgendjemand. Menschen, die eine harte Trennung verarbeiten müssen, wird von Therapeuten mittlerweile häufig geraten, Google Plus zu besuchen: Dort erscheint die eigene Leere plötzlich nicht mehr so groß.

Machen Sie einfach, was Sie wollen, und genießen Sie, dass es ohne Konsequenzen bleibt. Einige Jüngere kennen dieses Gefühl vielleicht schon von ihren letzten Tagen auf studiVZ, die Älteren aus dem Thailand-Urlaub.

Haben Sie mal keine Lust, etwas zu schreiben, verzichten Sie einfach auch darauf und machen Sie nichts. Gar nichts. Sie sind schließlich im Urlaub. Hier kann Sie niemand zu etwas zwingen, was Sie nicht möchten. Atmen Sie ein, atmen Sie aus. Reflektieren Sie Ihr Leben. Meditieren Sie vielleicht ein wenig. Es wird Ihnen helfen, sich selbst kennenzulernen.
Viele Menschen kehren aus einem Trip zu Google Plus als anderer Mensch zurück. Manche bleiben sogar für immer dort.

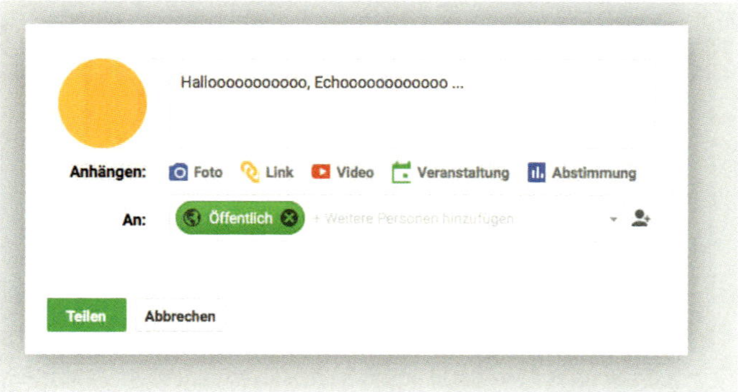

Viele dachten in den Anfangstagen des digitalen Klosters Google Plus, es sei als eine Art soziales Netzwerk gestartet. Ein grundlegendes Missverständnis. Oder können Sie sich vorstellen, dass der Konzern, der unser Wissensmanagement revolutioniert hat, Autos ohne Fahrer konzipiert, die ganze Erde kartografiert und mit Android das weltweit zweitbeste Betriebssystem für Smartphones entwickelt hat, so fahrlässig ist, deutlich verspätet mit einem eigenen sozialen Netzwerk in direkte Konkurrenz zu den bereits etablierten Platzhirschen Facebook und Twitter treten wollte? Natürlich nicht! Die Plattform war von Anfang als Rückzugsort konzipiert. Denn Google war einmal mehr cleverer, als alle dachten: Es ist vielen bekannt, dass der Konzern anhand der regionalen Häufung gewisser Suchbegriffe Erkältungs- oder Grippewellen vorhersagen kann. Ist eine solche im Entstehen, suchen die ersten infizierten Menschen vermehrt nach Symptomen, Medikamenten, Ärzten oder auch ganz konkret nach der jeweiligen Krankheit. Wie ein Seismograf kann der Konzern auch die kleinsten solcher Häufungen wahrnehmen und ebenjene Infektionswellen weit vor allen anderen prognostizieren.

Ein ähnliches Feingespür des Unternehmens hat zu der Entwicklung von Google Plus geführt: Der Trend zu Bio, Wellness, Yoga, Green Smoothies und Ähnlichem – also die neue Entschleunigung – wurde als Erstes von Google bemerkt. Wie bei den Krankheiten konnte man anhand der zunehmenden Suchanfragen feststellen, dass hier ein großer Bedarf entstehen wird.

Da aber Google (vorerst) keine Urlaubsreisen anbietet, arbeitete man daran, wie man dieser Bewegung auf digitaler Ebene entsprechen könnte. Was, so fragte sich der Konzern 2011, können wir den Menschen online bieten, wenn sie vermehrt Ruhe, Entspannung und Einsamkeit suchen?

Google Plus war die geniale Antwort!

Der Name spielt übrigens auf die Türanhänger an, die in Hotels benutzt werden, wenn dem Personal signalisiert werden soll, dass man seine Ruhe haben möchte: **Pl**eace don't disturb **us**!
Wir merken wir uns also: Mach mit Stress und Hektik Schluss, log dich ein auf Google Plus.

PS: Ist Ihnen nach der dortigen Tiefenentspannung dann der Schritt zu Facebook, WhatsApp und anderen Stresspotenzialen noch ein wenig zu groß, bleiben Sie einfach noch ein wenig in digitaler Reha: zum Beispiel mit SIMSme, dem offiziellen Messenger der deutschen Post. Endlich mal entspannt und ohne andere User chatten!

Hier im Bild: Google Plus an einem der belebteren Tage

lektion nr. 28:

Werden Sie ein Chefkoch!

Die beliebteste Seite für Rezepte in Deutschland heißt ironischerweise Chefkoch – obwohl solche dort eher selten zu finden sind. Es ist eher ein lockerer Treffpunkt für alle, die ganz grundsätzlich daran interessiert sind, Lebensmittel nicht einfach roh zu verzehren, sondern vorher zu erhitzen. Manche Nutzer haben mehr Kenntnisse, andere nur diese Grundvoraussetzungen. Auf Chefkoch jedoch kein Problem! Hier wird jeder akzeptiert.

Der Reiz der Seite besteht vor allem darin, dass sie der am wenigsten zensierte Ort des gesamten Internets ist. Vergessen Sie YouPorn oder 4chan – wirklich frei sind Sie auf chefkoch.de! Hier ist alles erlaubt. Hier gibt es keine Tabus. Nur Fifty Shades of Food …

- Gockelsperma
- Busentorte
- der Elefantenkötel
- Popcorn-Cola-Kuchen (ein echter Blockbuster!)

Aber auch Freunde des herzhaften Genusses werden fündig: Es warten der verrückte Döner mit Leberkas, der Big-Mac-Schichtsalat oder – kein Scherz – der gebackene Mettigel Hawaii[3].
All diese Rezepte sind auf Chefkoch frei zugänglich. Auch für Minderjährige. NSA, wo bist du, wenn man dich einmal braucht?
Auch Gerichte, die vielleicht nicht unbedingt eines Rezepts bedurft hätten, können auf Chefkoch frei und ungestört verfasst werden. Zwei Beispiele:

Spiegeleier à la Niko von niko_ck
Zutaten: 2 Eier.
Zubereitung: Eier in einer Pfanne aufschlagen und braten.

Bananen-Erdbeer-Brei von Kochmaus82
Zutaten: ½ Banane und 10 Erdbeeren.
Zubereitung: Banane schälen, Erdbeeren putzen, alles klein schneiden und pürieren.
Hilfreichster Kommentar:
Diesen Brei gibt es bei uns auch heute noch oft. Die Zwillies sind zwar jetzt schon aus dem Breialter heraus, aber dieser Brei mit Naturjoghurt gemischt versetzt sie immer noch in Begeisterungsstürme.

3 Wirklich! www.chefkoch.de/rezepte/2258861361268001/Gebackener-Mettigel-Hawaii.html

Im »hilfreichen« Kommentar lernen wir auch gleich zwei wichtige Verhaltensregeln, die Sie auf Chefkoch trotz aller Freiheit bitte beherzigen sollten:

1) Familienmitglieder werden grundsätzlich mit einem Kosenamen bedacht. Aus den Zwillingen werden so also die Zwillies. Recht häufig wird Ihnen auch ein gewisser GöGa begegnen: der Göttergatte. Eine wichtige Person auf Chefkoch – auch wenn sie eher selten direkt ins Geschehen eingreift. Denn die Aufgabe des GöGa ist passiv – jedoch sehr entscheidend für die weitere Verwendung der Rezepte. Das Ergebnis ist dabei binärer als das gesamte Internet:
1. Es hat dem GöGa gut geschmeckt.
2. Es hat dem GöGa nicht so gut geschmeckt.

Jahrzehnte des Feminismus können daran nichts ändern. Letztlich hebt oder senkt der GöGa wie ein römischer Imperator den Daumen nach oben oder nach unten.

2) Die zweite Verhaltensregel, die wir aus dem obigen Kommentar lernen können, betrifft die Variation von Rezepten. Ganz im Sinne des Rock 'n' Roll und der Freiheit hält sich auf Chefkoch NIEMAND an Rezepte. Die erwähnte Veränderung des Bananen-Erdbeer-Breis durch einen Schuss Joghurt ist dabei noch eine vergleichsweise zahme Modifikation. Deutlich öfter trifft man Variationen, die das gesamte Gericht … nun ja, sagen wir »mutig uminterpretieren«. Zum Beispiel so:

> Tolles Bananen-Erdbeer-Brei-Rezept, liebe Kochmaus82. Ich habe jedoch statt der Bananen eine Zucchini genommen und die Erdbeeren durch Paprika ersetzt. Das Ganze habe ich nicht püriert, sondern in etwa zweieurogroße Stücke geschnitten und anschließend in 2 TL Olivenöl angebraten. Wenn man etwas bunten Pfeffer und Thymian beigibt, wird es noch etwas runder. Dazu habe ich Weißbrot gereicht. Die ganze Familie und vor allem die Zwillies waren begeistert – fünf Sterne von mir!

Wow! Hier wird das System noch bekämpft. Keine Macht für niemanden! Von einem Rezept lässt sich auf Chefkoch niemand bevormunden!
So kann aus einem einfachen Kartoffelpüree schnell Folgendes werden:

> Danke für das Rezept, Nachtschattengewächs64! Ich habe jedoch statt der Kartoffeln Spaghetti genommen. Butter und Milch habe ich durch Hackfleisch und Tomaten ersetzt und separat zubereitet. Für die richtige Würze gab es zum Hack noch ein paar Knoblauchzehen, Zwiebeln, kleingehackte Karotten und einen guten Schuss Rotwein. Dann einfach zwei Stunden einköcheln und auf den Nudeln servieren. Haben wir Püree Bolognese genannt und die Teller waren ruckizucki alle. Sogar dem GöGa hat es gemundet – und der mag eigentlich gar keine Kartoffeln.

Püree Bolognese. Lecker.

Bei Chefkoch ist einfach alles möglich. Testen Sie dort Ihre Grenzen! Und probieren Sie unbedingt das »Schaschlik nach Art der rassigen Zigeunerin« sowie die »Nudelpfanne à la Maggi-Fix ohne Maggi-Fix«.

lektion nr. 29:

Ignorieren Sie Twitter!

Die Jüngeren werden es kaum glauben können und die Älteren werden sich mit Schrecken erinnern: Es gab eine Zeit vor WhatsApp!

Eine sehr dunkle Zeit, in der das Versenden von Nachrichten über Smartphones viel Geld gekostet hat. Nun ja … eigentlich gab es damals – die jüngeren Leser, die sich dieses Buch illegal gesaugt haben, halten nun bitte ihr iPad ganz fest, um es nicht vor Schreck aus den Händen zu verlieren – noch nicht einmal Smartphones oder gar Tablets.

Es gab Handys. Meist von Nokia. Einem finnischen Hersteller, der zunächst mit Gummistiefeln bekannt geworden war.

Und so ähnlich waren auch dessen Handys beschaffen: vielleicht nicht sonderlich schick und auch nicht mit allzu vielen Funktionen ausgestattet – aber sehr belastbar.

Ein Modell stach dabei besonders heraus: Was 32168 in den Achtzigern und 90210 in den Neunzigern war, lieferte Nokia mit dem 3210 Anfang der Nullerjahre: die Zeichenfolge, die alles beherrschte.

Apropos Zeichenfolge! Wollte man mit einem Nokia 3210 oder einem der anderen Not-so-Smartphones eine WhatsApp versenden, tauchten gleich drei Probleme auf.

1. WhatsApp gab es noch nicht! Es gab nur Short Message Service (SMS).
2. Ein Short Message Service kostete gerne mal bis zu 30 Cent.
3. Trotz des stolzen Preises musste man sich ziemlich kurz halten, denn es waren nur maximal 160 Anschläge erlaubt – also alle Zeichen dieses Satzes bis hier hin ↓

Der durchschnittliche Chat-Nachmittag eines heutigen Teenies wäre damals also der sicherste Weg in die Privatinsolvenz gewesen – noch vor dem Abschluss eines Jamba-Sparabos.
Um der Verschuldung zu entgehen, mussten damals Mittel und Wege gefunden werden, Zeichen einzusparen. Eine erste, sehr gelungene Maßnahme war es, den Short Message Service einfach SMS zu nennen. Gleich mal stolze 16 Buchstaben (32 in DM!) gespart – das waren immerhin zehn Prozent einer SMS!
Doch ausreichend war das noch lange nicht. Was damals vor allem fehlte, war eine Möglichkeit, zu trainieren, sich auf so engem Raum auszudrücken. Sich auszuprobieren. Mit Buchstaben und Begriffen zu jonglieren und unnötige herauszuwerfen.
Zwar deutlich zu spät – aber immerhin – ging im Jahr 2006 genau für diese Zwecke der Kurznachrichtendienst Twitter an den Start. Eine von Jack Dorsey ge-

gründete Übungsplattform. Das einzige Ziel der Seite: Hier konnte man kostenlos das Schreiben kurzer Nachrichten erlernen, um Geld bei seinen SMS zu sparen. Für maximalen Trainingserfolg wurde die erlaubte Zahl der Zeichen auf knackige 140 eingestellt – so hatte man im Ernstfall einer SMS noch 20 weitere übrig. Außerdem informierte ein praktischer Zähler, wie viele Zeichen noch möglich waren oder ob das Limit gar schon überschritten wurde. Als Logo diente ein blaues Vögelchen, das für SMS stand, die bekanntlich von Handy zu Handy fliegen.
Twitter war ein Segen! Endlich konnte man in drei, vier, fünf unverbindlichen Probenachrichten testen, was man dann später in einer teuren SMS kostenpflichtig versenden wollte.
Der typische Weg zu einer SMS verlief ungefähr folgend:

Probelauf Nummer eins auf Twitter:
Hallo, hast du Lust, heute bei mir vorbeizukommen? Ich könnte dir endlich die »American Idiot« von Green Day auf CD brennen. Oder wir leihen uns »Saw« aus der Videothek aus. Der soll echt super gruselig sein! Würde mich freuen!
227 Zeichen! Leider 87 Zeichen zu lang für Twitter und damit 67 für eine SMS.

Probelauf Nummer zwei auf Twitter:
Lust, bei mir vorbeizukommen? Ich könnte dir »American Idiot« von Green Day auf CD brennen. Oder wir leihen uns

»Saw« aus. Der soll echt super gruselig sein! Würde mich freuen!
Immer noch 176 Zeichen! Leider 36 Zeichen zu lang für Twitter und damit 16 für eine SMS.

Probelauf Nummer drei auf Twitter:
Lust, vorbeizukommen? Kann dir American Idiot brennen. Oder wir leihen Saw. Echter Schocker! :-)))
98 Zeichen. Na also. Geht doch. 42 Zeichen auf Twitter übrig und in einer SMS sogar noch 62. Sitzt, passt, wackelt und hat Luft!

Jetzt nur noch mit 29 Cent frankieren, zur Post bringen und absenden! Kleiner Spaß. Soooo umständlich war es damals nun auch nicht. Man schickte den erfolgreich gekürzten Text lässig als SMS. Und da er ohnehin schon im Twitterfeld stand, sendete man ihn auch dort ab. Ins digitale Nirwana. Las ja eh niemand mit.
Zumindest zu Beginn! Denn einige Nutzer des Dienstes waren so geschickt im Kürzen und Pointieren von Nachrichten, dass andere den Wunsch hatten, keines dieser kleinen Meisterwerke zu verpassen. So begannen sie, denen zu folgen, die die schönsten Abkürzungen kannten und die besten Streichungen vornahmen. Vor allem ein Berliner mit auffälligem Haarschnitt erlangte dabei schnell Berühmtheit als einer der talentiertesten SMS-Kürzer.
Diese große Zeit von Twitter währte jedoch nur kurz. Nicht lange nach der Einführung der Übungsplattform wurde es technisch möglich, SMS mit mehr

als 160 Zeichen zu schreiben. Mit der darauffolgenden Verbreitung der kostenlosen Instant-Messaging-Dienste wie WhatsApp fiel dann auch die finanzielle Hürde, sodass niemand mehr darauf angewiesen war, seinen Output an Nachrichten zu begrenzen. Kurzum: Twitter wurde so überflüssig wie Saw I bis VII.

Doch irgendwie hatten sich die Nutzer an den Dienst gewöhnt und halten ihn bis heute am Leben. Auch wenn sie ihn mittlerweile ganz anders nutzen. Als Vorschule für Gagschreiber, Datingplattform für Nerds und Anlaufstelle für alle, die alleine Tatort schauen müssen, ist die Plattform so beliebt, dass in den letzten Jahren sogar einige Stars dorthin gefunden haben. Auch wenn diese so reich sind, dass sie noch nie in ihrem Leben eine SMS kürzen mussten. Doch dieser ursprüngliche Sinn der Plattform war ja ohnehin schon lange ad absurdum geführt worden.

Für Sie, lieber Leser, sehe ich daher keinen besonderen Grund, dort ein Profil anzulegen.

Es sei denn, Sie sind besonders an Technikgeschichte und Nostalgie interessiert. Aber in diesem Fall können Sie auch einfach ein halbes Stündchen das Band einer Kassette mit dem Bleistift aufrollen.

lektion nr. 30:

Verbringen Sie eine interessante Zeit auf XING!

XING ist ein wenig wie die Zeitumstellung im Frühjahr und Herbst: So ganz genau weiß niemand, welchen Sinn es hat, aber aus Angst, den Anschluss zu verlieren, machen alle lieber mal mit.
Und da SIE auf keinen Fall den Anschluss verlieren möchten, melden Sie sich ebenfalls dort an! Schaden kann es nicht.
Nun ja … wenn man von den Mails absieht, die Sie fortan im regelmäßigen Rhythmus von XING erhalten.

Diese Mails sind im Wesentlichen in fünf Kategorien einzuteilen:

XING-Mail Kategorie 1:
Eine Person möchte Sie als Kontakt hinzufügen

Wie der Betreff schon sagt, möchte sich jemand mit Ihnen auf XING vernetzen. Das ist zwar ungefähr so sinnvoll, wie auf Google Plus zu fragen, was heute Abend in der Stadt los ist, aber bitte …

Ihre Aufgabe ist es nun, XING aufzurufen, den Kontakt zu bestätigen und XING wieder zu verlassen. Schätzungsweise achtzig Prozent des Traffics der Seite kommen derart zustande. Und war die Person besonders perfide, hat sie Ihnen neben der Kontaktaufnahme eine Nachricht gesendet. Etwas in der Art wie:

Guten Tag, unser Treffen hat mich sehr gefreut. Lassen Sie uns gerne weiter in Kontakt bleiben. Mit den besten Grüßen und der Hoffnung auf rege Vernetzung!

Neben der einen Minute Lebenszeit, die Sie schon für die Annahme des Kontakts verloren haben, verlieren Sie nun weitere zwei, um sich zu überlegen, was Sie auf diesen Quatsch bloß antworten sollen.
Nun ja, Ihnen wird schon etwas einfallen. Notfalls bleibt immer noch die Wahrheit:

Guten Tag und vielen Dank für Ihre Anfrage. Als ich Sie auf der Konferenz gestern nach dem Weg zur Toilette gefragt habe, konnte ich nicht ahnen, dass Sie sich die Informationen auf meinem Namensschild merken und mich nun anscheinend im Netz gefunden haben. Glückwunsch und »schön«, dass wir nun vernetzt sind. Mit den besten Grüßen und der Hoffnung, dass Sie kein Wahnsinniger sind!

XING-Mail Kategorie 2: XING Premium

Ab und an[4] versucht XING, Sie für die Premium-Variante der Seite zu gewinnen. Für bis zu zehn Euro im Monat stehen Ihnen dann vor allem zwei neue Zusatzfunktionen zur Verfügung:

1. Sie können sehen, wer Ihr Profil besucht hat
2. Sie können nun auch Nachrichten an XING-User senden, die nicht mit Ihnen vernetzt sind.

Anders ausgedrückt:
1. Sie sehen, wer Ihr Profil besucht hat, Sie aber dann nicht interessant genug fand, um Sie zu kontaktieren.
2. Als Ausgleich dafür können Sie wiederum Leute anschreiben, die gar nicht mit Ihnen in Kontakt stehen möchten.

Ein Feature wie gemacht für Stalker, Irre, Wahnsinnige – und die, die es werden wollen. Oder wie Amazon sagen würde: Menschen, die XING Premium bestellten, bestellten auch Seil, Ski-Maske & Chloroform.

4 Immer!

XING-Mail Kategorie 3: Ihr persönlicher XING-Newsletter

Zuverlässig wie Stern TV wird jeden Mittwoch der XING-Newsletter gesendet. Dieser Newsletter dient als freundliche Erinnerungshilfe, falls Sie eine Mail der Kategorie 1 oder 2 übersehen haben. Er ist quasi ein Best of aus beiden.
Denn zum einen werden Sie informiert, welche Personen Sie noch als Kontakte bestätigen müssen. Zum anderen wird erneut darauf hingewiesen, dass XING Premium eine ganz schön interessante Sache ist.

XING-Mail Kategorie 4: Person X hat einen neuen Job

Hier werden Sie darüber informiert, wie alle in Ihrem Netzwerk vorankommen außer Ihnen. Danke für nichts, XING!

XING-Mail Kategorie 5: Person X findet Ihren Beitrag interessant

Waren Sie wahnsinnig genug, etwas auf XING zu posten, erhalten Sie jedes Mal eine Mail, wenn jemand Ihren Beitrag »interessant« findet. Glücklicherweise passiert dies eher selten, da dafür jemand auf XING mitlesen müsste.

Denn abgesehen von dem regen Mailverkehr ist die Plattform selbst eine eher triste Angelegenheit. Nicht ruhig genug, um wie Google Plus als Rückzugsort zu dienen, aber auch nicht spannend genug, um als echtes soziales Netzwerk durchzugehen. Ein wenig wie Bernd Stromberg als Mensch: nicht richtig schlecht, aber auch weit entfernt von gut.

Es gibt jedoch drei Gründe, die neben der Tatsache, dass jeder irgendwie mitmacht, für das Jobnetzwerk sprechen. Diese seien Ihnen am Ende dieses Kapitels verraten:

1. Wie bereits kurz erwähnt, bietet XING statt eines Daumens, der »Gefällt mir« ausdrückt, ein Sternchen, das »interessant« bedeutet. So doppeldeutig und ironisch ist kein anderes Netzwerk!

Stellen Sie sich eine Dame der alten Schule vor. Über 70, verwitwet, sehr vermögend, sehr reserviert, beste Manieren. Sie hat es eilig und muss schleunigst ihre Villa verlassen, um es noch pünktlich zur wöchentlichen Canasta-Runde zu schaffen. Plötzlich hält sie eines der Hausmädchen auf. Das arme Ding ist verliebt und platzt fast vor Glück. Sie muss ihre Freude teilen. Entgegen ihrer sonst so zurückhaltenden Art ruft sie der Vorgesetzten »Ich habe mich endlich verliebt, Frau Rutenbecker. Ist das nicht schön?!« zu und ist selbst überrascht über diesen Ausbruch der Gefühle. Frau Rutenbecker indes missbilligt zwar diese Grenzüberschreitung, ist aber im Grunde ihres Herzens eine gute Seele und ringt sich begleitet von einer hochgehobenen Augenbraue ein »Interessant« hervor, das Elisabeth die Zweite und Violet Crawley aus »Downton Abbey« gemeinsam nicht besser hinbekommen hätten.

Mit **genau diesem** missbilligenden »Interessant« können Sie auf XING all die »Neuigkeiten« Ihrer Kontakte würdigen. Ein großer Spaß an langen Winterabenden.

2. Nutzen Sie XING, um nachzuschauen, was Ihre Freunde eigentlich machen sollten, während Sie die ganze Zeit auf Facebook verplempern.

3. Vergleichen Sie die Profilbilder Ihrer Freunde auf XING und Facebook und erstellen Sie daraus lustige Collagen.

lektion nr. 31:

Meiden Sie Festnetztelefone

Kennen Sie noch Festnetztelefone, diese interessanten Vorläufer des Faxgeräts? Für die jüngeren Leser: Telefone waren früher, als Helene Fischer noch Nena hieß, neben Mixtapes, Duran-Duran-Shirts und dem Brief eine der wenigen Möglichkeiten, mit anderen zu kommunizieren. Ach stimmt, den Brief kennt ihr ja auch nicht mehr: Das ist dieses rechteckige Ding aus Papier, worin eure neue Sim-Karte geliefert wird! So eine Art Buch light ... ist ja auch egal: Stellt euch einfach euer aktuelles Smartphone vor. Nur ohne »smart«. Das ist ein Telefon!

Obskurerweise finden sich auch in den hippsten Agenturen oder in Start-ups, die Whatsapp-Nachrichten auf Toast brennen möchten und so ganz neue Wege der Kommunikation beschreiten wollen, immer noch Festnetztelefone. Vielleicht aus Respekt vor der Geschichte. So wie Reste der Berliner Mauer in der Hauptstadt.

Egal! Die wichtigste Regel im Umgang mit diesen Dinosauriern der Kommunikation lautet: **Wir benutzen sie nicht! Nie!**

Wie soll uns jemand unserer Kollegen glauben, dass wir der perfekte Internetnutzer sind, wenn wir ständig zum Hörer greifen? Zudem hat die bilaterale Kommunikation per Telefon den großen Nachteil, dass wichtige Entscheidungsträger nicht informiert werden. Anstatt also den Kollegen Jochen anzurufen und zu fragen, ob er nachher zum Mittag auch Lust auf den neuen Asiaten hätte, schreiben wir lieber eine E-Mail. Hier ein großartiges Beispiel:

An: Jochen@whatsappontoast.net
CC: helpdesk@whatsappontoast.net, finanzen@whatsappontoast.net, socialmedia@whatsappontoast.net, praktisocialmedia@whatsappontoast.net, vorstand@whatsappontoast.net, design@whatsappontoast.net, feelgoodmanager@whatsappontoast.net, marketing@whatsappontoast.net, hausmeister@whatsappontoast.net
Betreff: kurz Mittagessen

Whats'up, Jochen?

Dachte, wir könnten heute um eins mal zu dem neuen Asia-Laden gehen.
Oder keine Böcke auf Lunch? I doubt it!
Anyone else: Feel free to join us!

@helpdesk: Können die Kollegen aus der IT den neuen Laden vielleicht schon ins Intranet unter »Lunch« aufnehmen? Wäre super nice.

@finanzen: Können wir das irgendwie abrechnen/ einreichen? Bitte kurz Rückmeldung bis 12:45.

@socialmedia: Wollen wir da ein neues, geilo Format für Social Media machen? Was essen wir bei *whatsappontoast* mittags so alles weg? #foodporn

Könnte in der Community doch vielleicht viral gehen! Da kann der Prakti ja ein paar Instagrams machen und wir posten das asap. Wäre vielleicht auch was für Pinterest.

@praktisocialmedia: Wenn »go« von @socialmedia kommt, komm mit und shoote das Ganze ein wenig. Ach ja, wegen heute Abend »Chilly Gonzales«-Konzert: Wäre super nice, wenn wir Gästeliste bekommen könnten. Frag da doch noch mal in deinem Netzwerk. #Dankeeee!

@design: Könnt ihr den @praktisocialmedia da kurz unterstützen? Wir brauchen mal 7 bis 8 Design-Beispiele für das neue Lunch-Format. Nicht eilig. 14 Uhr reicht. Danke!!!

@marketing: Wir planen ein neues Social-Media-Format #lunchbeiwhatsappontoast. Vielleicht könnt ihr das dann auch für Print oder die Vice-Koop nutzen? Redet da doch mal mit den

Social-Media-Leuten! Oder macht am besten direkt ein Meeting.
Ich joine gerne, bin allerdings erst ab 21 Uhr free.

@marketing und @praktisocialmedia: Wenn Meeting um 21 Uhr, ist das Chilly-Gonzales-Konzert off the timetable.

@feelgoodmanager, @hausmeister: fyi! Nur um euch im Loop zu halten!

@vorstand: Wir sind um eins wahrscheinlich mal kurz 15 Minuten raus und kurz beim Imbiss um die Ecke. Wenn in der Zeit irgendwas anfällt: Just call us. Die TelKo mit München machen wir währenddessen!

Grüße an alle
Marius

Please *consider the environment before printing this email* –

Genial, wie hier ein einfaches Mittagessen genutzt wird, um die Company voranzubringen. Alle sind informiert, kein Detail geht verloren. Merken Sie, wie sinnlos und altertümlich ein Telefonat im Vergleich dazu gewesen wäre?! Nutzen Sie also beruflich stets die E-Mail – sie ist die Zukunft!

PS: In der »TelKo mit München« hat der Finanzier von whatsappontoast, der im Wesentlichen aus den Eltern des Gründers bestand, alle weiteren Mittel eingefroren. Dennoch: An der internen Kommunikation kann es nicht gelegen haben.

lektion nr. 32:

Denken Sie an die Umwelt, bevor Sie Mails ausdrucken!

Die liebe Umwelt! Was wären wir nur ohne sie? Eben. Daher sollten wir sie am besten schützen, als hätten wir nur eine.
Eine der einfachsten und effektivsten Methoden dazu ist der kleine Hinweis »consider the environment before printing this email« unter elektronischer Post. Sicher haben Sie ihn auch schon mal gesehen oder – noch besser – schon seit Jahren in Ihre Signatur integriert. Vorbildlich. Und wenn nicht: Vergessen Sie ineffiziente Methoden zur Rettung der Umwelt wie Mülltrennung, Elektroautos, Energiesparlampen oder das Aussterben der Menschheit – nutzen Sie stattdessen die kleine Zeile, die unsere Welt rettet.

Auch wenn es in Ihrem Unternehmen in Sachen Umweltschutz vielleicht an manch anderer Stelle noch ein wenig hapert …

- Die Kaffeeversorgung der gesamten Firma wird durch Nespresso-Kapseln sichergestellt?
  Es ist halt einfach praktisch.

- Während des Meetings wird jedem Teilnehmer noch einmal die 90-seitige Powerpoint »zum Nachlesen« aushändigt?
  Recht so. Keine Information soll verloren gehen.
- Inlandsflüge hin und rück mit fünfköpfigen Teams für ein zweistündiges Treffen?
  Zeit ist Geld!
- Die neuen Firmen-Shirts werden in Bangladesch von siebenjährigen Waisen mit zweifelhaften Bleichmitteln gefertigt?
  Schon ein wenig traurig, aber der Weltmarkt lässt keine andere Chance!

All das sind natürlich verbesserungsfähige Vorgänge, die Ihr Unternehmen aber sicher auch schon im Zuge der internen »Umweltagenda 2030« in den nächsten fünfzehn Jahren um zwanzig Prozent drosseln möchte – doch das wahre Problem sitzt woanders. Das wahre Problem sind die Unmengen ausgedruckter E-Mails! Schaut man einmal kurz nicht hin, hat schon wieder jemand eine E-Mail ausgedruckt. Für viele Menschen ist das folgende Ritual daher mittlerweile Normalität:
Der Feierabend nähert sich mit großen Schritten, aber wie so oft hat man noch nicht alle Mails beantwortet. Kein Problem, denkt man sich, einfach die übrig gebliebenen 150 Nachrichten kurz an den Drucker senden, abheften und zu Hause gemütlich vor dem Kamin durchschmökern. Vielleicht hie und da eine kleine Notiz mit der Schreibfeder hinterlassen.
Eine Praxis, die sich mehr und mehr durchsetzt. Auch

unter kaminlosen Menschen. Jeden Tag verlassen Arbeitnehmer mit dicken Ordnern voller ausgedruckter Mails ihre Firmen. In Bars ist vernünftige Kommunikation kaum noch möglich, weil ständig jemand noch mal schnell etwas auf seiner ausgedruckten Mail nachschauen muss. Selbst vor dem Schlafengehen werfen viele von uns noch einmal kurz einen Blick auf ihre ausgedruckten Mails – nur um dann direkt nach dem Aufwachen erneut zu prüfen, was sich in ihren ausgedruckten Mails so getan hat.
Schluss damit! Machen Sie diesem Übel ein Ende und weisen Sie andere Menschen auf ihre Gräueltaten hin. Ein kleiner Satz genügt.

Hi Mats,

die afrikanischen NGOs nerven wieder, weil wir das Grundwasser abzapfen.
Das Übliche: ausgetrocknete Dörfer, letale Bakterien in Babynahrung durch verdreckte Restquellen … bla bla blubb.

Wollen wir nächste Woche für zwei Tage runterfliegen und die Lage vor Ort mit ein paar grünen Scheinen beruhigen?
Ich weiß … 10 Stunden Flugdauer sind ein pain in the ass … aber lässt sich sicher auch mit ner netten Großwildjagd verbinden :-)
Dass du den Leopard das letzte Mal nicht erwischt hast, lässt dir doch eh keine Ruhe :-)

Und wenn du noch Zweifel hast, denk an die anderen exotischen Wildkatzen da unten … ;-)

Grüße
Jörg
CEO – Fountain of Life Table Water

Please consider the environment before printing this email –

lektion nr. 33:

Sparen Sie viel Zeit durch Internetforen!

Es gibt nicht viele Orte auf der Welt, die uns richtig glücklich machen. Zu diesen wenigen zählen vielleicht die erste eigene Wohnung, der Kreißsaal bei der Geburt eines Kindes, ein einsamer Strand auf einer Trauminsel und natürlich Internetforen.
Das wundervolle an letztgenannten ist: Während die meisten Leser dieses Ratgebers ihre erste eigene Wohnung bereits verlassen haben und spontan so schnell auch nicht an einen Traumstrand kommen – von den Schwierigkeiten auf dem Weg zu der Geburt eines Kindes (Partnersuche, gebärfreundliche Penetration, Namenssuche ...) ganz zu schweigen – können Sie Internetforen jederzeit mühelos erreichen. Ihre Tagesdosis Glück und Zufriedenheit ist stets in direkter Reichweite. Müssten Internetforen für sich werben, was sie nicht müssen, da sie – wie erwähnt – perfekte Orte sind, wäre »Nur ein Klick zum Glück!« der ideale Slogan.
Nutzen Sie diese Orte also rege und häufig! Dort wird Ihnen schnell geholfen, dort lernen Sie interessante Menschen kennen.
Es bedarf zwar keines Beweises, dennoch im Folgen-

den ein kleines Beispiel, wie nützlich solche Foren sind.
Nehmen wir an, Sie haben im Supermarkt aus spontanem Interesse eines dieser »Eier« gekauft, die seit einiger Zeit in jedem gut sortierten Lebensmittelmarkt zu finden sind. Ein unüberlegter Spontankauf – aber manchmal möchte man sich eben auch einmal etwas gönnen. Nun aber sitzen Sie zu Hause, starren das ovale Ding ein wenig ratlos an und fragen sich: Was tun mit dem clever verpackten Dotter? Sie überlegen ein wenig, bis Ihnen plötzlich einfällt, dass Ihre Großmutter die Gewohnheit pflegte, zu besonderen Feiertagen »gekochte Eier« zu servieren. Das wäre doch auch eine feiner Verwendungszweck für Ihr Hühnerprodukt!

Doch: Wie genau funktioniert das noch mal mit dem Kochen von Eiern? Spontan stehen Sie da ein wenig auf dem Schlauch. Kein Problem! Für solche Fragen wurde das Internet quasi erfunden. Eine fixe Suche verrät, dass Ihnen auf www.eierforum.de geholfen werden könnte.
Schnell das Anmeldeformular ausfüllen und als noobie2 Ihre Frage loswerden!

> **noobie2:** *Hi Leute, hoffe ich bin hier richtig: Wollte nur mal kurz fragen, wie man am besten ein Ei kocht. Was sind so eure Erfahrungen und Tipps? Danke und liebe Grüße, noobie2*

ei-checker: *Diesen Thread hatten wir schon! Suche benutzen wirkt Wunder!*
admin: *Stimmt. Ist hier auch völlig falsch gepostet. Der Thread gehört ins Unterforum Geflügeleier > Hühnereier > Zubereitung > Zubereitung mit Wasser > Kochen. Bitte so einen Fehler nicht noch mal! Wir haben hier klare Regeln!*
weichei81: *in wasser legen und dann zwei minuten kochen. klappt bei mir echt immer!!*
harterdotter: *2 MINUTEN? des funzt bei mir nich. koch mein ei immer mindestens 30 minuten.*
breakfast: *Eier sind soo achtziger. ich nehmen mittlerweile am liebsten marmeladenbrötchen zum frühstück.*
trudi98: *LECKA! MARMELADENBRÖTCHEN! :))))*
anonymous guest: *Cheap Viagra: http://goo.gl/x5lwdN*
harterdotter: *HA HA! hat ja auch mit eier zu tun … LOL*
technicker: *Kommt drauf an! Was hat deine Küche denn für eine Ausstattung? Und hast du Elektro, Gas oder Induktion? Wie groß ist der Topf und welches Material? Und wie hart ist das Wasser bei euch? Das Thema ist auf jeden Fall nichts für Anfänger!!*
eierkopf: *Genau! Und dann wäre noch wichtig zu wissen, um welches Ei es sich handelt. Mach mal ein paar Angaben zu Größe des Ei und Farbe der Schale. Ist es bio? Oder nicht? Das sind alles wichtige Fakten. Lad doch am besten mal ein Foto hoch und ich schaue mir das mal an.*

noobie2: *OK, danke. 2 und 30 Minuten ist ja schon ein Unterschied. Ich probiere jetzt erst mal 15 Minuten aus.*
harterdotter: *nein! epic fail!*
weichei81: *Auf keinen Fall!*
technicker: *No way!*
eierkopf: *Never!*
breakfast: *Was genau hast du an Marmeladenbrötchen nicht verstanden?*

Ganz schön praktisch. Innerhalb weniger Stunden hat Ihnen die freundliche Community geholfen, die Zubereitungszeit auf zwei bis dreißig Minuten einzugrenzen.
Nun bleibt nur noch eine Frage: Worin das gekochte Ei präsentieren? Ein Teller oder eine Schüssel scheinen da doch eher unpraktisch zu sein. Kein Problem!
Schauen Sie einfach fix im Eierforum nach. Kleiner Tipp: Unterforum Geflügeleier > Hühnereier > Zubereitung > Zubereitung mit Wasser > Kochen > Gekochte Eier servieren > traditionelle Serviermethoden > Becher.

Finden Sie den perfekten Internetprovider!

Bei der Wahl des besten Anbieters für Ihren Internetzugang können Sie eigentlich nicht viel falsch machen: Im Grunde sind alle ganz ausgezeichnet! Es ist ein wenig wie in einem gut besetzten Swingerclub: eine Menge Optionen, aber jede ist die richtige.
Hier wie da zeigen sich die Unterschiede vor allem in den Details. So ist das kleine Präsentkörbchen mit Champagner, Trüffelschokolade und Schnittchen, das Vodafone Ihnen samt Techniker kostenlos frei Haus liefert, sobald das Internet etwas wackelig ist, von besonders hoher Qualität. Hier zahlt es sich aus, dass der Anbieter bei der Wahl des Schaumweins auf den Klassiker Dom Pérignon setzt und nicht auf einen einfachen Crémant zurückgreift, wie es bei der Telekom der Fall ist.
Dafür können die Bonner mit anderen Serviceleistungen punkten: Sind Sie umgezogen, funktioniert Ihr Anschluss für gewöhnlich noch bevor Sie das neue Domizil betreten, da der rosa Riese eng mit Maklern und Wohnungsverwaltungen zusammenarbeitet, um so direkt bei Vertragsunterschrift die wichtigsten Schritte einzuleiten. Sie kümmern sich um nichts. Ein

Umzug ist schließlich stressig genug. Sollte der Anschluss trotz dieser Voraussicht einmal nicht bei Ihrem Einzug zur Verfügung stehen, erhalten Sie täglich eine Gutschrift über 500 Euro sowie eine handschriftlichen Entschuldigungskarte des Vorstands. Ebenfalls täglich. Eine nette Geste!
Und auch hier ist die Reaktion bei Störungen vorbildlich: Neben der bereits erwähnten Flasche Crémant liegt dem Präsentkorb der Telekom eine Staffel Ihrer Lieblingsserie und ein gutes Buch bei, die Sie während der Reparatur genießen können.
Eine sympathische, aber beinahe überflüssige Aufmerksamkeit, schließlich kann sich der Konzern seit einiger Zeit damit rühmen, 98 Prozent aller Probleme innerhalb von einer Stunde zu lösen. Möglich wurde diese schnelle Reaktionszeit durch die Idee, im Jahre 2014 alle überflüssig gewordenen Videothekare zu Telekom-Technikern umzuschulen. So findet sich auch in kleineren Städten stets ein kompetentes Team, das meist nicht mehr als zwei Kilometer entfernt ist. Praktisch. Aber: Das Twitter-Team von @telekom_hilft musste wegen Unterbeschäftigung komplett entlassen werden.

Neben den beiden Platzhirschen lohnen aber auch andere Internetprovider einen Blick: Sind Sie beispielsweise an einer besonders kostengünstigen Lösung interessiert, empfehlen sich die Leistungen von Kabel Deutschland. Durch seine Erfahrungen im TV-Sektor und eine Kooperation mit der GEZ ist es

diesem Anbieter möglich, seinen Kunden die Rundfunkgebühren zu erstatten. Insgesamt macht das bei einer normalen Flatrate für Sie ein Plus von 2,98 Euro, das Kabel Deutschland Ihnen monatlich erstattet – aufgerundet zu einem glatten Fünfer. Doch auch bei diesem recht günstigen »Preis« zeigen sich kaum Abstriche im Service. Insbesondere das vergoldete WLAN-Modem kommt bei Kunden stets sehr gut an, hört man.
Ebenfalls eine Erwähnung verdient das relativ neue Konzept von 1&1: Hier zieht bei Vertragsabschluss direkt ein persönlicher Techniker dauerhaft bei Ihnen zu Hause ein. Eine Störung nachts um halb drei? Kein Problem mehr. Einfach im Gästezimmer anklopfen!
Sie merken: Es ist wirklich egal, bei wem Sie unterschreiben. Schließen Sie Ihren Vertrag also einfach irgendwo ab. Ein Glückserlebnis ist Ihnen garantiert.
Und keine Angst vor den Verträgen: Wie Berliner Singles legen Sie sich nie dauerhaft fest! Denn Wechsel zwischen den Anbietern sind kein Problem. Eine formlose WhatsApp oder ein Tweet mit dem Text »Mist, wollte eigentlich schon vor drei Monaten kündigen. Vergessen. Sorry.« wird für gewöhnlich von allen Providern anstandslos akzeptiert. Die Kündigung wird rückdatiert und sofort umgesetzt – natürlich nicht ohne Ihnen die mittlerweile übliche Abschiedsprämie auszuzahlen.

Dennoch gibt es bei nahezu allen Providern eine Kleinigkeit zu beachten, auf die hier vorsorglich hingewiesen werden muss: Seien Sie nicht überrascht, wenn der Anschluss in der Realität tatsächlich ein gutes Stück schneller ist als in der Werbung angepriesen. Die Anbieter sind hier meist einfach ein bisschen zu bescheiden.

lektion nr. 35:

Googeln Sie Ihre Krankheiten!

Stellen Sie sich vor, Sie leiden unter Gelenkschmerzen, Müdigkeit und Leistungsschwäche. Eine kleine Erkältung, werden Sie denken, zwei Tage auf dem Sofa einplanen und sich fast schon darüber freuen, so endlich mal Zeit und Ruhe zu finden, die achte Staffel von »Dr. House« zu Ende zu schauen.

Ein großer Fehler! Denn Gelenkschmerzen, Müdigkeit und Leistungsschwäche sind mit circa 85 Prozent die häufigsten Symptome für Lupus erythematodes – die berühmt-berüchtigte Autoimmunerkrankung, auch Schmetterlingsflechte genannt.

Da liegen Sie auf dem Sofa, schauen dem grummeligen TV-Arzt zu und ahnen gar nicht, dass Sie einer seiner interessantesten Fälle wären. Daher empfiehlt es sich, jedes noch so kleine Symptom im Internet nachzuschauen. Man weiß ja nie so genau. Allein etwas so Simples wie Erschöpfung hat beispielsweise 933.000 Treffer bei Google. Da sollte doch für jeden etwas dabei sein. Gut, es ist ein Uhr nachts und Sie waren seit sechs auf den Beinen – aber vielleicht ist diese Erschöpfung ein wenig erschöpfender als andere Erschöpfungen. Wenn Sie nicht zu erschöpft sind, ist es daher ratsam, die Erschöpfung schnell noch mal

nachzuschauen. Nicht dass es doch was Ernstes ist. Stichwort: Schilddrüsenunterfunktion.
Oder gar ein Burn-out?

Das Nachschlagen von Symptomen hat jedoch nicht nur den Vorteil, dass Sie selbst ein wenig mehr Klarheit darüber erhalten, ob das leichte Nasenbluten nicht doch eine Fraktur des Oberschenkels sein könnte. Denn darüber hinaus gelten Patienten, die sich vorher ein wenig informieren, unter den meisten Medizinern als ganz besonders beliebt!
Wenn Sie also Ihren Hausarzt aufsuchen, weil Sie durch intensive Netzrecherche beispielsweise herausgefunden haben, dass Ihr Schnupfen wahrscheinlich eine ernste Blasenkrankheit bedeutet, sollten Sie darauf gefasst sein, dort sehr zuvorkommend und warmherzig begrüßt zu werden. Verständlich! Das Studium Ihres Arztes ist in den meisten Fällen schon lange vorbei und wenn er ein halbwegs normaler Medizinstudent war, ist damals auch das ein oder andere »Medikament« am Tresen verabreicht worden. Von den Experimenten mit dem Pillenschrank als Arzt im Praktikum ganz zu schweigen. So ist einfach eine Menge des ursprünglich gelernten Wissens verloren gegangen. Die Zeit tut ihr Übriges: Vielen Ärzten geht es wie einem Autofahrer, der nach fünfzehn Jahren auf der Straße noch mal eine theoretische Führerscheinprüfung zu Gesicht bekommt: Er wundert sich, was er alles mal wusste, und ist froh bis überrascht, dass bisher nichts Schlimmeres passiert ist.

Umso besser, dass Sie dank Doktor Google und Schwester Bing eigentlich schon ganz genau wissen, woran Sie leiden. Der Arzt wird Ihnen dankbar für Ihre Vorarbeit sein und insgeheim denken: »Da wäre ich im Leben nicht drauf gekommen. Was es alles gibt! Der menschliche Körper ist und bleibt ein Rätsel.«
Mit dem, was er für eine Handschrift hält, wird er Ihnen ein Rezept ausstellen.
Am besten diktieren Sie ihm auch gleich die korrekte Medikation. Sie sind ja ohnehin gerade im Thema.
Ein Glücksfall für beide Seiten. Ihr Arzt entrinnt der Blamage – und Sie der Beulenpest!

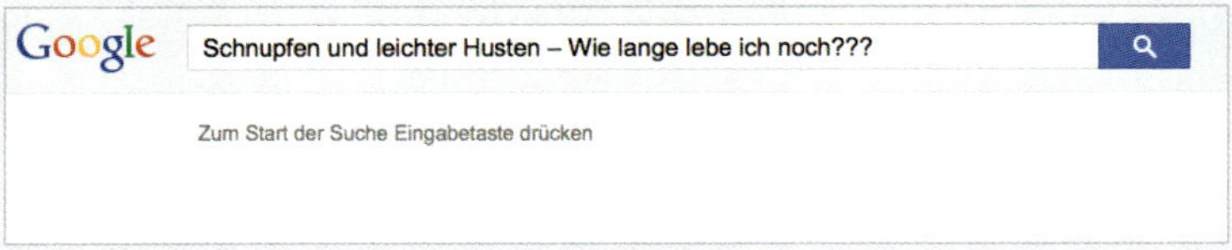

Besser mal nachschauen.

lektion nr. 36:

Lesen Sie die allgemeinen Geschäftsbedingungen!

»Ich habe die allgemeinen Geschäftsbedingungen gelesen und akzeptiert« ist gemeinsam mit Sätzen wie »Das war ich nicht«, »Nur noch kurz ins Internet«, »Wir können ja Freunde bleiben« oder »Ein Techniker wird sich umgehend bei Ihnen melden« eine der am weitesten verbreiteten Lügen.

Zumindest aber bei den AGBs flunkern **Sie** fortan nicht mehr mit. Denn als perfekter Internetnutzer sollten Sie schon wissen, worauf Sie sich bei den Diensten, die Sie nutzen, einlassen. Sie lesen also ab sofort **jede** allgemeine Geschäftsbedingung aufmerksam durch – auch wenn es mal ein wenig länger dauert.

Das sind im Falle der Nutzungsbedingungen des iTunes Store zwar an die 100 000 Zeichen – aber lassen Sie sich davon nicht abschrecken: Wenn Sie erst mal alles ausgedruckt und ordentlich abgeheftet haben, lässt sich das ganz gut an einem gemütlichen Abend wegarbeiten. Sie wollten doch sicher ohnehin mehr lesen! Dazu ein schönes Glas Rotwein, so macht es fast schon Spaß. Wenn Sie mögen, laden Sie sich zur Untermalung ein schönes Album von iTunes …

ach nee, das geht ja noch nicht. Dann erst mal ohne Musik.
Markieren Sie beim Lesen der AGBs unbedingt auch die Stellen, an denen Ihnen etwas unklar ist, sodass Sie am nächsten Morgen eine kurze Mail mit den 20, 30 wichtigsten Rückfragen an das betreffende Unternehmen senden können. Der dort zuständige Mitarbeiter in der Rechtsabteilung wird sein Glück nicht fassen können: Endlich fragt mal jemand!
Haben Sie von dort Rückmeldung erhalten, klären Sie in einigen Folgemails noch letzte Unklarheiten: Denn wir wollen nicht nur lesen und akzeptieren, wir wollen auch **verstehen**!
Gewöhnlich ist in einer bis eineinhalb Wochen alles geklärt und es ist endlich so weit: Stolz und feierlich können Sie hinter »Ich habe die allgemeinen Geschäftsbedingungen gelesen und akzeptiert« ein Häkchen setzen und endlich den Dienst nutzen! Eine Leistung, die Sie nicht alleine feiern müssen: Wenn Sie mögen, laden Sie gerne auch Ihre Liebsten zu diesem freudigen Ereignis ein und spendieren Sie ein Fläschchen Rotkäppchen. Sie haben es sich verdient!
So weit, so gut. Doch es gibt leider ein kleines Problem!
Sicher haben Sie bisher schon eine Menge Dienste genutzt, bei denen Sie noch nicht so sorgfältig in die AGBs geschaut haben, wie Sie es nun gelernt haben. Amazon, ebay, Instagram, der Internet Explorer, Ihr Betriebssystem, das Office-Paket, all die Apps auf Ihrem Smartphone – da kommt schnell was zusam-

men. Selbst YouPorn bietet über 18 000 Zeichen »Terms of Service«. Das sind locker fünf DIN-A4-Seiten! Wenn Sie die durchgelesen haben, wissen Sie gar nicht mehr, was Sie eigentlich auf der Seite wollten, und wundern sich darüber, dass Sie keine Hose tragen.
Die traurige Wahrheit ist: Um Ihre AGB-Defizite zu kompensieren, hilft nur eines: nacharbeiten! Legen Sie sich dazu am besten zunächst eine Liste der Dienste an, bei denen Sie die AGBs nicht aufmerksam gelesen haben. In einem zweiten Schritt entscheiden Sie sich dann für eine der folgenden Methoden, dies nachzuholen.

1) Nehmen Sie sich zwei, drei Wochen Urlaub und arbeiten Sie einfach alles am Stück weg. Nutzen Sie besonders viele Dienste im Netz, sollten Sie eher vier Wochen einplanen. Der Dezember mit seinen vielen Brückentagen und dem ohnehin nicht sonderlich schönen Wetter ist dafür ideal.
2) Sie arbeiten lieber im Team? Suchen Sie sich Menschen, die auch noch einige Nutzungsbedingungen abzuarbeiten haben, und gründen Sie eine Arbeitsgemeinschaft: die AG AGB.

lektion nr. 37:

Widersprechen Sie den Facebook-AGBs!

Es gibt ein weiteres Problem mit allgemeinen Geschäftsbedingungen: Sie unterscheiden sich von Menschen – denn sie ändern sich ab und an! Noch schlimmer: Die meisten der von Ihnen genutzten Dienste setzen Ihnen nach einer solchen Änderung der AGBs die Pistole auf die Brust. Zum Beispiel folgend:

> Wir möchten Sie darüber informieren, dass wir unsere allgemeinen Geschäftsbedingungen geändert haben. Wenn Sie nach dem 1. Januar unseren Dienst nutzen, verstehen wir dies als Bestätigung der neuen AGBs.

Ganz schön tricky: Indem Sie einfach weitermachen wie bisher, stimmen Sie den Veränderungen zu – erinnert ein wenig an den Durchschnittsdeutschen während der NS-Zeit. Glücklicherweise ist ausgerechnet das blaue Reich Facebook deutlich nutzerfreundlicher als die Dienste, die Sie derart überrumpeln. Ab und an ändern sich zwar auch dort die allgemeinen Geschäftsbedingungen, doch es reicht

eine klitzekleine, sehr einfache auszuführende Aktion aus, um diesen zu widersprechen.
Dass es Zeit wird, diese auszuführen, werden Sie bemerken, wenn Sie vermehrt Grafiken wie diese sehen:

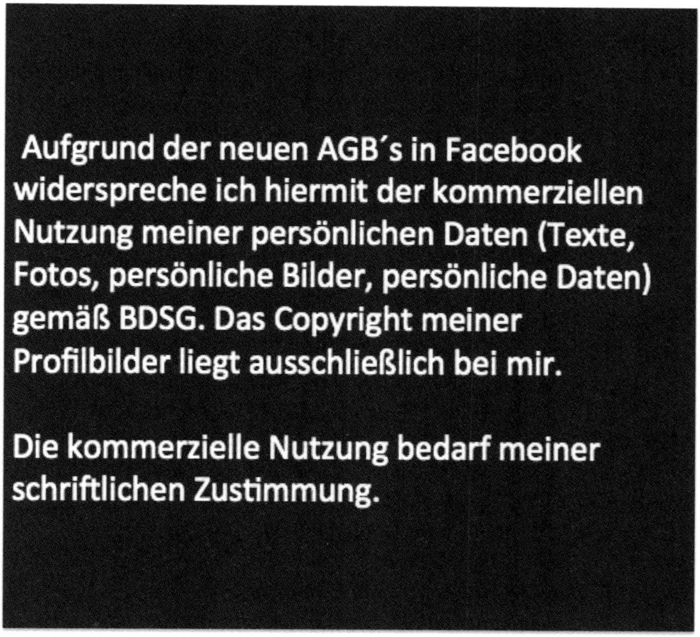

Ihre einzige Aufgabe, wenn Sie diese Grafik entdecken, ist es, sofort und ohne groß nachzudenken das zu tun, was Einzeller tun, wenn sie sich fortpflanzen möchten: **Teilen**! So sind Sie auf der sicheren Seite.
Lassen Sie sich nicht davon stören, dass AGBs nicht ganz richtig geschrieben ist: Was »Jochen's Imbiss« oder »Karin's Nagelstudio« recht ist, kann Ihnen nur billig sein. Von »Beck's« ganz zu schweigen!

Zwar werden Sie einige kritische Stimmen hören, die bezweifeln, dass durch das einfache Teilen einer Grafik den allgemeinen Geschäftsbedingungen eines Milliardenkonzerns widersprochen werden kann, doch diese sollten Sie einfach ignorieren.
Denn was diese Kritiker nicht wissen: In der Facebook-Zentrale, im amerikanischen Menlo Park, arbeiten in einer Spezialabteilung Hunderte Mitarbeiter, die nur auf Ihren Widerspruch warten. Sie verbringen den ganzen Tag auf Facebook, lesen jeden einzelnen Post (also im Grunde ähnlich wie andere Arbeitnehmer, nur dass es **wirklich** ihr Job ist) und notieren sich besondere Vorkommnisse. Zu den beiden wichtigsten Aufgaben dieser Mitarbeiter zählen:

2. Bilder, auf denen Brustwarzen zu sehen sind, und anderes pornografisches Material löschen
1. Auf Widerspruch-gegen-Facebook-AGB-Grafiken aus Deutschland achten.

Aber was passiert, wenn, sagen wir, Wibke Widerspruch aus Wismar, eine dieser Grafiken teilt?
Folgendes: Ein Mitarbeiter der Spezialabteilung entdeckt die Grafik in Wibkes Chronik. »Potzblitz, schon wieder eine, die sich clever unseren AGB-Änderungen entzieht!«, denkt er kurz und öffnet dann eine große Excel-Tabelle mit den Namen aller Facebook-Nutzer weltweit (alle_facebookuser_weltweit.xls).
Er scrollt eine ganze Weile nach unten, bis er beim Buchstaben W angekommen ist. Dort setzt er in der

Zeile von Wibke Widerspruch bei der Spalte »Hat den neuen AGB widersprochen« ein kleines Häkchen und speichert die Tabelle.
Stellt nun ein paar Tage oder Wochen später ein emsiger Kollege aus dem Facebook-Marketing in einem Meeting vor, wie er die persönlichen Daten von Wibke Widerspruch kommerziell nutzen möchte, läuten wie bei einem Feueralarm die Sirenen. Das gesamte Gebäude wird evakuiert und Mark Zuckerberg persönlich erläutert auf dem Parkplatz, dass Wibkes Daten wegen – Zitat – »that clever Widerspruch thing from Germany« leider nicht genutzt werden können.
Wibke Widerspruch indes bekommt von alldem nicht viel mit. Sie steht gerade in einem Wismarer Supermarkt und ist damit beschäftigt, den Kassenbon zu zerreißen. Denn so, hat sie gehört, kann man ganz einfach der Zahlungsaufforderung der Kassiererin widersprechen und bekommt seinen Einkauf umsonst.

TO-DO-LISTE

1. Facebook per Statusmeldung mitteilen:
Ich erkläre hiermit, dass die neuen AGB für mich nicht gelten.

2. Auf dem Strafzettel von gestern vermerken:
Ich erkläre hiermit, dass ich überall in der Stadt parken darf.

3. Dem Chef eine E-Mail schicken:
Ich erkläre hiermit, dass sich mein Gehalt mit sofortiger Wirkung verdoppelt.

4. Das Finanzamt anrufen:
Ich erkläre hiermit, dass ich von der Abgabepflicht einer Steuererklärung befreit bin.

5. Entspannt zurücklehnen. Alles ist geregelt.

Süddeutsche Zeitung Magazin

Das Widersprechen der AGBs ist erst der Anfang!

Danke *Süddeutsche Zeitung Magazin* für diese Tipps!

lektion nr. 38:

Machen Sie Schluss mit 1000 Passwörtern!

Es ist mittlerweile einfacher, sich mit seinem Partner auf den Namen des ersten Kindes zu einigen, als ein geeignetes Passwort zu finden. Sie wollen Ihren Erstgeborenen Max nennen? Prima. Schöner Name. Fertig! Viel Erfolg im Leben, kleiner Max.

Wäre Max hingegen ein Passwort, ging es folgend weiter:
Fehler: Ihr Passwort ist zu kurz!

Maximilian
Fehler: Ihr Passwort muss eine Zahl beinhalten!

Maximilian der 1
Fehler: Ihr Passwort darf leider kein Leerzeichen enthalten!

Maximiliander1
Fehler: Ihr Passwort muss ein Sonderzeichen enthalten!

Maximiliander1!
Fehler: Ihr Passwort darf keines der folgenden Sonderzeichen enthalten ? _ !

Maximiliander1§%
Fehler: Dieses Passwort ähnelt Ihrem letzten Passwort.

5"§%&o0/$ 46Maximiliander1§%
Vielen Dank! Bitte merken Sie sich Ihr neues Passwort gut.

Ein oder zwei Mal lässt sich dieser Wahnsinn vielleicht überstehen, jedoch verlangt nahezu jede Seite im Netz, von Amazon bis Zalando, nach einem Passwort. Und jedes einzelne davon soll bitte wie ein guter One-Night-Stand sein: möglichst kreativ, bloß nicht zu kurz und natürlich super safe!
Um dem zu entfliehen, wenden wir eine ganz neue Taktik an: Monogamie!
Wir nutzen fortan für alle Dienste, die wir benötigen, dasselbe Passwort!
Richtig gehört: ein Passwort für alle Seiten. Andere sogenannte Internetberater werden einwenden, dies sei zu unsicher. Ist es nicht!

Nur muss dieses Passwort so sicher sein, dass es einfach nicht zu knacken ist. Kein Problem. Nutzen Sie einfach die folgende Passwortvorlage, die im Wesentlichen aus folgenden Komponenten besteht:

- Dem ersten Satz des Großen Gatsby von F. Scott Fitzgerald,
- Dem Chefkoch-Rezept für Bananen-Erdbeer-Brei von Kochmaus82,
- den ersten fünfzehn Ziffern der Kreiszahl π,

- einem Einkaufszettel, der zerknüllt vor dem Edeka lag,
- den Gewinnzahlen für monatlich 7500 Euro Sofortrente bei der Glücksspirale am 28. 03. 2015,
- einem Sonderzeichen.

Voilà! So erhalten wir das folgende, nahezu unknackbare Passwort:

```
InmeinenjüngerenJahrenalsichnochzarterbesaitetwargabmein-
VatermireinmaleinenRatdermirseitdemwiederundwiederdurch-
denKopfgegangenistBananen-Erdbeer-BreivonKochmaus82Zuta-
tenHalbeBananeund10Erdbeeren314159265358979Milchschnitte-
EierChampignonsBierDuschgel7309339§
```

Damit Sie nun nicht alle dasselbe Passwort benutzen, ergänzen Sie diese Vorlage einfach durch Informationen aus Ihrem Leben – zum Beispiel dem Namen Ihres Lieblingsschauspielers. Dadurch erhalten Sie Ihr persönliches, bombensicheres Passwort, das ungefähr so aussehen könnte:

```
InmeinenjüngerenJahrenalsichnochzarterbesaitetwargabmein-
VatermireinmaleinenRatdermirseitdemwiederundwiederdurch-
denKopfgegangenistBananen-Erdbeer-BreivonKochmaus82Zutate
n:HalbeBananeund10Erdbeeren314159265358979MilchschnitteEi
erChampignonsBierDuschgel7309339§NicolasCage
```

Bitte merken Sie sich Ihr neues Passwort gut!

lektion nr. 39:

Entdecken Sie den Zauber des WLAN-Codes!

Die Zugangsdaten für das WLAN-Netzwerk sind nicht ganz so kritisch wie andere Kennwörter. Wichtig ist vor allem, dass überhaupt ein Passwort vorhanden ist, sodass sich nicht jeder Ihrer Nachbarn in das ungeschützte Netz einloggen kann und Ihre Leitung ausbremst – oder auch illegal »Harry Potter und der Gefangene von Askaban« herunterlädt. Falls Ihr Nachbar eher auf Erwachsenenfilme steht, vielleicht sogar die Erotikversion. Fliegt der illegale Download einer dieser Filme dann auf, müssen Sie als Betreiber des Netzwerks haften. Nicht gut.

Denn glauben Sie mir, eine Abmahnung, die mit den Worten »Unsere Kanzlei wurde vom Rechteinhaber des audiovisuellen Werks *Hairy Popper und der Gefangene von Arschpackan* beauftragt …« beginnt, möchten Sie Ihrer Familie oder der WG nicht unbedingt erklären. Auch wenn Sie eigentlich unschuldiger als Sirius Black sind.

Um also derlei bösen Zauber abzuwehren, sollten Sie Ihr WLAN schützen wie Dumbledore den jungen Harry. Dazu benötigen Sie nicht einmal einen Patronus, es reicht schon ein einfaches Passwort. Zum Beispiel »Arschpackan«.

Allerdings sind die meisten WLAN-Passwörter nicht so einfach einzugeben wie »Arschpackan«, denn es ist in Deutschland bei vielen Menschen quasi gute Sitte, ihr Passwort auf den Werkseinstellungen zu belassen.
Das hat, wie wir später lernen werden, zwar einen guten Grund, es entstehen jedoch zunächst etwas verwirrende Situationen:
Nehmen wir an, Daniel besucht Emma. Die beiden haben sich im Harry-Potter-Forum kennengelernt und treffen sich nun zum ersten Mal »im echten Leben«. Es entwickelt sich ein Dialog zwischen den beiden …

Daniel: Ich müsste mal schnell ins Netz. Ich will kurz nachschauen, ob Joanne K. Rowling mittlerweile die reichste Frau Großbritanniens ist. Da waren wir uns ja eben nicht einig. Wie heißt denn euer WLAN?
Emma: Gute Idee. Unser Wlan ist die »FRITZbox«.
Daniel: Danke dir! Ah … Moment mal … ich bekomme hier die FRITZ!Box7490, *die* FRITZ!Box7112 *und die* FRITZ!Box3272? *angezeigt! Welche ist denn eure?*
Emma: (geht in den Flur): Weiß ich auch gerade nicht. Ich schau mal, was auf der Box steht. Moment … ah, das müsste die 7112 sein[5]*!*
Daniel: Danke. Und wie lautet das Passwort?

---

5 Ebenso wie Flachbild-Fernseher und Drucker MÜSSEN WLAN-Modems anscheinend so benannt werden, dass man sich den Namen auf keinen Fall merken kann. Vergleiche auch den Flatscreen Samsung UE48H6470 121 cm (48 Zoll) oder den Drucker Brother MFC-J470DW. Dabei böten sich doch gerade für die Fritzbox schöne Doppelnamen an, die jeder im Kopf behält: Fritz-Klaus, Fritz-Hermann, Fritz-Peter, Fritz-Walter …

Emma (zurück aus dem Flur): Ach, das ist immer noch der Code vom Anfang. Wir haben den nie geändert. Moment, ich gehe noch mal in den Flur zurück und schau unter der Box nach …
Daniel: Alles klar!
Emma: Hörst du mich?
Daniel: Laut und deutlich.
Emma: Alsooooo … der Code lautet: zwei drei sieben eins null null neun acht … vier drei vier sieben … acht acht fünf null.
Daniel: War das am Ende eine Null oder eine Neun?
Emma: Eine Null! Wie Draco Malfoy.
Daniel: Hihi … danke … mal schauen … oh … Mist! Mir wird »ungültiges Kennwort« angezeigt.
Emma: Warte, ich lese noch mal neu vor … zwei drei sieben eins …
Daniel: Eins?
Emma: Ja, eins! Hast du?
Daniel: Ja, aber jetzt bin ich irgendwie raus. Kannst du noch mal von vorne?
Emma: Na gut … Zwei drei sieben eins … null null neun acht … vier drei vier sieben … acht acht fünf null.
Geht es jetzt …?
Daniel: Ich habe hier nur 15 Zahlen stehen … vielleicht habe ich eine überhört.
Kannst du noch mal ganz kurz neu beginnen …

Wir brechen den Dialog an dieser Stelle ab. Sie können sicher auch jetzt schon erahnen, warum es emp-

fehlenswert ist, das WLAN-Kennwort so kompliziert zu belassen!
Richtig! Das gemeinsame Einloggen über den 16-stelligen Code ist ein Erlebnis, das die Menschen verbindet. Wer dies zusammen übersteht, übersteht noch viel mehr.
Sieben Jahre zusammen ein Zauberinternat besuchen und dabei Dementoren und Lord Voldemort ausschalten oder gemeinsam den Code des Modems eingeben: Es ist fast dasselbe – auch, was die zeitliche Dimension betrifft.
Noch als Senioren werden sich Emma und Daniel an den Tag erinnern, als sie nach zweieinhalb Stunden endlich den Code des Grauens besiegt haben – der Beginn ihrer lebenslangen Freundschaft.
Daher der Tipp: Lassen Sie den Code ebenfalls so, wie er von Werk aus eingestellt ist, und verzichten Sie auf ein einfaches Passwort! Nur so finden Sie heraus, mit welchen Ihrer Freunde und Bekannten Sie wirklich durch dick und dünn gehen können und wer extreme Belastungen aushält.
Bezwingen Sie gemeinsam die kleine, rechteckige WLAN-Box – oder wie die, die sie überwunden haben, gerne sagen: die Kammer des Schreckens.
Avada Kedavra!

lektion nr. 40:

Nutzen Sie Ihr Smartphone so oft wie möglich!

Als perfekter Internetnutzer wollen Sie natürlich niemals verpassen, was online so alles los ist. Auch wenn Sie mal nicht zu Hause sind oder im Büro am Rechner sitzen. Glücklicherweise gibt es dafür eine immer größer werdende Auswahl immer größer werdender Smartphones.

Fun Fact: Handys mussten jahrelang schrumpfen, damit sie von den klobigen, unhandlichen Riesen Ende der Achtzigerjahre zu einem Gerät wurden, das man wirklich gerne mitnehmen wollte. Erst dann begann ihr Siegeszug. Mitte des letzten Jahrzehnts waren sie dann auf dem Gipfel ihrer Entwicklung angelangt: wunderbar klein mit einem Akku, der fast eine Woche lang hielt. Doch plötzlich ging es zurück. Die Geräte wuchsen wieder und die Akkulaufzeit wurde geringer.

Ein bisschen, als würde sich die Evolution den Homo sapiens anschauen und dann kopfschüttelnd die Rückbildung des eigenen Produkts beschließen:

Ach, ich mache doch lieber das mit der Behaarung am ganzen Körper, dem gebückten Gang und dem kleinen Gehirn. Der Affe an sich war doch gar nicht so schlecht! Kommando zurück!

Nun gut ... der Vergleich hinkt wie ein verletztes Mammut: Schließlich haben uns die großen Smartphones auch den Empfang des mobilen Datennetzes gebracht und so dafür gesorgt, dass www erstmals wirklich für ***worldwide*** web stand. Denn plötzlich war das Internet überall (außer in der Berliner U-Bahn). Es hat erreicht, was bisher kein anderes Medium erreicht hat: einen Platz in nahezu **jeder** Nische unseres Lebens zu finden. Im Job, in der Freizeit, im Urlaub. Morgens, mittags, abends, nachts. Unterwegs und zu Hause. In der Bar, in der Bahn, auf der Parkbank. Im Schlafzimmer, im Wohnzimmer, in der Küche. Ja, sogar auf der Toilette. Es soll Nutzer geben, die einen großen Teil ihrer Onlinezeit am liebsten genau dort verbringen. Während des ganz privaten Shitstorms.
Okay, im Badezimmer lagen bisher auch Zeitschriften oder Bücher rum. Doch im Gegensatz zu diesen beiden und auch allen anderen Medien hat sich das Netz mithilfe der Smartphones in wirklich **allen** Bereichen unseres Lebens eingenistet.
Niemand zückt beim ersten Date, wenn der andere kurz auf der Toilette ist, ein kleines Büchlein. Niemand würde auf einer Parkbank mal flott seinen Mini-Fernseher anstellen. Niemand würde sich aus einer Kneipenrunde mit Freunden mal ein paar Minuten ausklinken, um ein bisschen Radio zu hören. Das Smartphone samt Internet ist in diesen Situationen

hingegen stets dabei und als Ablenkungsquelle herzlich willkommen!
Es ist das, was wir morgens als Erstes in die Hand nehmen und als Letztes loslassen – früher war das mal der Partner. Oder die eigenen Geschlechtsteile.
Zwischen dieser ersten und letzten Berührung des Tages begleitet es uns bei nahezu allen Anlässen. Facebook noch im Bett checken, Instagram auf der Toilette, ein Podcast beim Duschen, Spiegel Online während des Frühstücks, in der U-Bahn ein Spielchen, auf dem Fußweg von der Bahn ins Büro etwas twittern …
Aber warum? Nun …
Weil das Internet einfach interessanter ist als das echte Leben!
Den ganzen Quatsch außerhalb des Netzes haben Sie doch auch schon hundertmal gesehen! Bäume, Straßen, Wohnung, Freunde. Ist doch immer dasselbe!
Im Internet hingegen wartet stets etwas Neues! Ein süßes Katzenfoto auf Tumblr, vierzehn Likes für Ihr neustes Selfie, eine wichtige Mail, zwei Herzchen und ein Kommentar auf Instagram, eine gerade ablaufende Auktion, drei ungelesene Nachrichten auf WhatsApp und – hui! – ein neuer Mähdrescher bei FarmVille!

Kaum ist das alles abgearbeitet, haben sich in der Zwischenzeit schon wieder feine, neue Notifications angesammelt. Drei weitere Likes für das Selfie, ein Kommentar auf Ihren Instagram-Kommentar, noch ein Kätzchen auf Tumblr – dieses Mal eines, das vom Milchschlecken ein ganz weißes Schnäuzchen hat – direkt mal liken …

… und so weiter und so fort. Ein ewiger Kreislauf aus Spaß und Unterhaltung. Und ist es mal gerade ein wenig ruhig, posten Sie einfach etwa Neues und warten die Reaktionen darauf ab. Das Selfie ist schließlich schon vier Stunden alt. Da kann ein neues nicht schaden. Oder Sie schauen mal nach, was bei Tinder, Quizduell und Draw Something so alles auf Sie wartet.

Was früher der heimische Garten war, ist heute das Smartphone: Es gibt immer was zu tun! Ja, ja, jippieh, jippieh, yeah!

Kein Wunder, dass das echte Leben und Ihre Freunde da nicht mithalten können!

Oh nein, Smartphone vergessen! – Ärgerlich.

- Was ist schon ein Sonnenuntergang im Vergleich zu dem perfekten Instagram eines Sonnenuntergangs? So einen coolen Filter bekommt die Natur doch niemals hin!
- Warum fünf guten Freunden aufmerksam zuhören, wenn auf Facebook fünfhundert warten?

Mein Rat lautet daher: Schauen Sie möglichst oft in Ihr Smartphone und sagen Sie Ihrer Umgebung damit klar und deutlich: Was im Internet passiert, finde ich einfach deutlich spannender als dich! Gerade auch in geselligen Runden. Denn so gesellig wie das Netz werden diese niemals sein. Lassen Sie Ihren Blick auf dem Handy ruhen, statt sich von Ihren Freunden anhören zu müssen, dass sie sich langsam um Sie sorgen, weil Sie seit drei Stunden nicht mehr aufgeblickt haben.

Ihr Credo lautet:
Lieber Amazon als Amanda!
Lieber Ebay als Eberhard!
Lieber Facebook als Fabian!
Lieber heftig.co statt Heiko & Co.
Lieber Instagram statt Inga!
Lieber Tinder als Tina!
Lieber YouPorn statt Jutta!

Gehen Sie sogar so weit, das Smartphone Ihnen selbst vorzuziehen. Denn ehrlich gesagt: Soooo spannend sind Sie nun auch nicht.
Bevor Sie also das nächste Mal in Ruhe über etwas nachdenken möchten oder einfach mal ganz unge-

stört bei sich selbst sein wollen: Schauen Sie erst mal auf Ihrem Mobiltelefon nach, ob es stattdessen nicht auch ein witziges YouTube-Video tut.

Oder noch mal dieses süße Kätzchen mit dem Milchschnäuzchen!

lektion nr. 41:

Besorgen Sie sich eine Katze, um jederzeit neuen Cat Content liefern zu können!

Wie süß! Damit schaffen Sie locker zehn Posts mehr am Tag!

lektion nr. 42:

Ach ja: Posten Sie un-be-dingt Ihre Darmspiegelung!

Schließlich ist Social Media der beste Weg, Ihr Innerstes zu zeigen!

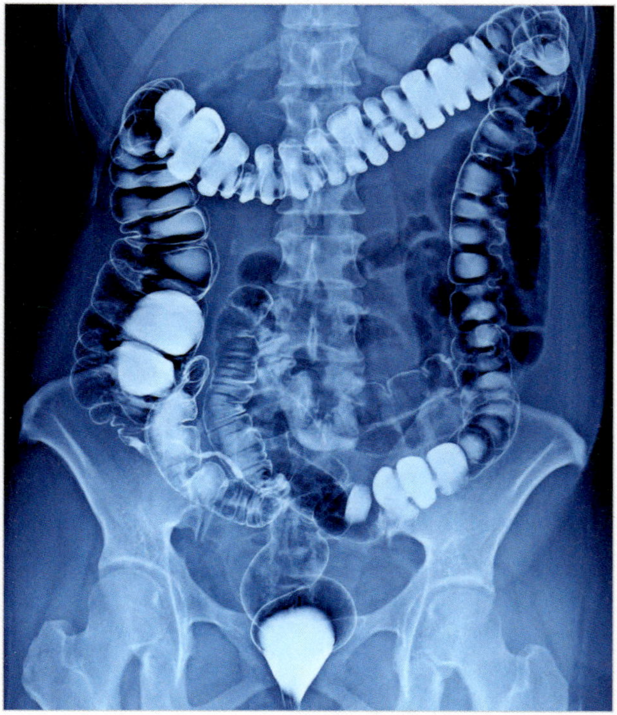

Danke

Steffie, Stefan, Paul, Volker & Mama
Finn Kirchner & Katharina Kohlhaas

Sophie Servaes, Klaus Breyer (super-kau.tumblr.com), Michael Bukowski & Tilo Siewert

Allen, die bis hierhin gelesen haben.

Und natürlich: Ariane Novel von Knaur

< 3

Bildnachweis

S. 8, 9, 44, 88, 113, 131, 132, 157 Peter Wittkamp; S. 16 u. Shutterstock / Flas100; S. 16 o., 21 o., Shutterstock / Preto Perola; S. 17 o., 20 u., Shutterstock / anekoho; S. 17 u. Shutterstock / 2jenn; S. 18 o., 22 Shutterstock / Traveller Martin; S. 18 u. Shutterstock / Ditty_about_summer; S. 19 o. Shutterstock / Flas100; S. 19 u. Shutterstock / Pakhnyushchy; S. 20 o. Shutterstock / DW art; S. 26 picture-alliance / dpa; S. 30 Shutterstock / Subbotina Anna; S. 35 Klaus Breyer; S. 47 Michael Bukowski; S. 64 picture-alliance / obs; S. 67 INTERFOTO / Lu Wortig ; S. 74 Shutterstock / LOVEgraphic; S. 77 o. Shutterstock / maradonna 8888; S. 77 u. Shutterstock / olakumalo; S. 78 o. Shutterstock / Kittikorn Phongok; S. 81 Shutterstock / Goran Bogicevic; S. 85 Shutterstock / Anna Baburkina; S. 91 Shutterstock / haveseen; S. 94 Shutterstock / MaxyM; S. 101 li. Shutterstock / NK; S. 101 re. Shutterstock / Ammentorp-Photography; S. 109 Shutterstock / Pixel Embargo; S. 115 Shutterstock / elgad; S. 120 Shutterstock / Slowomir Fajer; S. 152 Peter Wittkamp via Google; S. 160 Süddeutsche Zeitung; S. 171 Shutterstock / g-stockstudio; S. 174 Shutterstock / paffy; S. 175 Shutterstock / AkeSak